臺灣歷史與文化 研究輯刊

初　編

第 18 冊

城隍爺出巡
——臺北市、大稻埕與霞海城隍廟會一百二十年的旋盪
（1879～2000）（下）

宋 光 宇 著

花木蘭文化出版社

國家圖書館出版品預行編目資料

城隍爺出巡——臺北市、大稻埕與霞海城隍廟會一百二十年的
旋盪（1879～2000）（下）／宋光宇 著－－初版－－新北市：花
木蘭文化出版社，2013〔民102〕
目 6+190 面；19×26 公分
（臺灣歷史與文化研究輯刊 初編；第 18 冊）
ISBN：978-986-322-271-2（精裝）
1. 民間信仰　2. 臺灣
733.08　　　　　　　　　　　　　　　　　102002951

ISBN-978-986-322-271-2

臺灣歷史與文化研究輯刊
初　編　第十八冊　　　　　ISBN：978-986-322-271-2

城隍爺出巡
——臺北市、大稻埕與霞海城隍廟會一百二十年的
　　旋盪（1879～2000）（下）

作　　者　宋光宇
總 編 輯　杜潔祥
出　　版　花木蘭文化出版社
發 行 所　花木蘭文化出版社
發 行 人　高小娟
聯絡地址　235 新北市中和區中安街七二號十三樓
　　　　　電話：02-2923-1455／傳眞：02-2923-1452
網　　址　http://www.huamulan.tw 信箱 sut81518@gmail.com
印　　刷　普羅文化出版廣告事業
初　　版　2013 年 3 月
定　　價　初編　30 冊（精裝）新臺幣 60,000 元

城隍爺出巡

──臺北市、大稻埕與霞海城隍廟會一百二十年的旋盪

（1879～2000）（下）

宋光宇　著

目次

第十一章　移風易俗

　　在前面的八、九兩章，以編年史的方式，陳述了霞海城隍廟每年的迎神繞境活動對當時臺北經濟與社會狀況的影響。到了臺灣光復之後，這個迎神活動進入一個全新的時代。面對更加快速的社會、經濟和都市發展，霞海城隍廟所在的大稻埕於整個「大臺北市」這個範圍中逐漸褪色。當大稻埕風華不再的時候，霞海城隍廟的迎神繞境和拜拜宴客活動不再能吸引幾十萬人潮。當一切都年華老去之後，剩下來的，就是白頭宮女話當年。時間的變化真的很快，才過了三十年，大稻埕、霞海城隍廟與它的祭典，從熱鬧繁華變成了「歷史古蹟」和「文化遺產」。

　　以下各節依照時間順序，把這六十年來臺北市、大稻埕、霞海城隍廟所經歷的變化娓娓道來。

第一節　光復後的盡情熱鬧

　　民國二十六年（昭和十二年，1937）七月七日本發動蘆溝橋事變，全面進攻中國，同時在臺灣開始實行嚴格的生活管制，更在「皇民化」的政策下，企圖全面砍斷臺灣漢人的中華文化根基。迎神是傳統漢人文化的象徵，自然在所必禁。因此，從昭和十二年（1937）起，一年一度的霞海城隍迎神賽會被迫停止。雖然在表面上，大稻埕不再舉行迎神繞境，可是民間的「大拜拜」並沒有中止。每年到了農曆五月十三日霞海城隍誕辰的時候，各地前來吃拜拜的親朋好友依舊如潮水般的湧來，家家戶戶大排筵席，宴請賓客，無視於空襲警報的威脅[註1]。戰爭時期的生活物資是管制的，也是供應不足的。這

―――――――――――――――――――――――――――――――――
〔註1〕　〈霞海城隍誕辰　拜拜節目爭奇鬥巧　各家設宴招待吃客〉，《聯合報》第 5

樣的大拜拜正好可以彌補日常生活的不足，同時也是家族定期聚會的日子。
到這時候，散居外地的親戚都來了，聚在一起，氣氛融洽，非常熱鬧。這種
情形讓民眾留下深刻的印象。現在大家對霞海城隍大拜拜的認知主要就是依
靠這個時期的深刻印象。前面幾章所提的事蹟開始淡出人們的記憶之中。

　　民國三十四年（1945）八月十五日，日本宣布無條件投降。依據《舊金
山和約》，臺灣回歸中國版圖。十月二十五日，臺灣正式光復。民國三十五年
（1946）霞海城隍誕辰的迎神繞境恢復了。這年的繞境隊伍中各個陣頭都以
青天白日滿地紅國旗作為前導，並以大幅橫軸或直軸，大書「慶祝抗戰勝利，
光復臺灣」〔註2〕。從民國三十五年（1946）到民國三十九年（1950）國民政
府正式播遷臺灣為止，是近六十多年來，霞海城隍祭典的黃金時期，人們可
以盡情的發揮，不受任何政治力量的干擾。

　　民國三十九年（1950）國府遷臺，正是風雨飄搖，生死存亡，危若疊卵
之際。於是一定要凝聚全民的共識和力量。迎神繞境的隊伍是相當理想的宣
揚愛國思想的場合。因此，到了民國四十年（1951），繞境隊伍所舉的旗幟，
不再是商業廣告，也不是「慶祝抗戰勝利，光復臺灣」，而是以「反共抗俄，
收復失土」為標幟。《聯合報》評論這種動作云：「這是民間利用迎神賽會
之機會，做愛國運動，宣傳反共抗俄的意識。」〔註3〕顯然當時國府的主事者
清楚的知道如何利用這種廟會繞境來做政治上的宣傳，民間也樂於配合。

　　民國四十一年（1952），霞海城隍祭典的實際狀況是這樣的：

> 昨（五）日為農曆五月十三日，為本市大稻埕霞海城隍誕辰，該處
> 居民舉行大拜拜，市警局曾禁止迎神賽會，後經該處市議員數人受
> 民眾委託，向市警局請求，抬著神輿繞境遊行。於下午四時許集隊
> 出發，隊伍前頭的三輛吉普車，由市議員數人分乘，作開路先鋒。
> 繼為一幅寫著「擁護蔣總統」的斗大橫軸。國旗隊，西樂隊，謝范
> 二將軍神像，金龍陣，另有「反共抗俄打回大陸」「軍民合作打回
> 大陸」的橫軸兩幅。最後為城隍爺神輿。神輿過處鞭砲鳴放，觀眾
> 夾道而立。入夜各住宅及商店大宴親友，猜拳行令之聲，達於戶外，
> 路上時見醉客顛倒。一般估計昨日之開銷，以大稻埕為四萬戶，每

版，民國四十三年（1954）六月十四日。

〔註2〕同上註。

〔註3〕同上註。

　　戶開銷四百元，則將達一千六百萬元之鉅，誠爲驚人之消耗。〔註4〕

　　這則報導前半段是在記述實際情況，在結尾卻是記者主觀的判斷，認爲花錢太多，奢侈浪費。這種觀點透過報紙而流傳，慢慢的就轉化成國家施政的主要方針：杜絕浪費。在這樣的認知下，才會有各種「端正禮俗、節約拜拜」的手段。

第二節　「浪費」——端正禮俗的藉口

　　國民政府是以留學日本和美國的留學生爲主幹的政府。留學生最大的功用就是把他們在國外看到、學到的知識，原封不動的搬進國內。凡是與之不合的舊傳統、舊習俗，統統打入「迷信」、「落伍」的行列。這是二十世紀西方資本主義國家慣用的技倆〔註5〕。在第一章已經有所論述，不再多言。這一章就來好好的檢視，這些喝過洋墨水以及他們的再傳弟子們如何對待所謂的「迷信」。

　　留學生在西方觀念的洗禮下，總是把中國傳統，民間的宗教信仰及其相關的活動，都看成是「迷信」、「落伍」的東西；主張以「人」爲本，反對先前的「敬天地、禮神明」態度；以「無神論」爲主要的訴求。即使有了宗教信仰，也是以西洋的基督教和天主教爲依歸。主政者受到這種氛圍和輿論的影響，在他們的心目中，民間所有的宗教活動，變得一無可取。又在中國傳統知識分子的「移風易俗」這個老毛病的作祟下，以「端正禮俗」這頂大帽子作爲掩護，開始「壓抑」曾經風光一時的霞海城隍誕辰的迎神繞境活動。從民國四十一年起，到民國七十七年蔣經國總統過世爲止，前後長達三十六年的時間，一直在壓抑民間各種宗教活動。再加上臺北市其他各區的快速發展，大稻埕逐漸成爲老舊社區，人口外流，繁榮不再。霞海城隍祭典及其迎神繞境和大拜拜的活動因而逐漸衰落。

　　從民國四十一年（1952）起，臺灣省政府開始推動「端正禮俗，節約拜拜」的改革運動。國民政府注意到，臺灣各地廟宇林立，隔不了幾天就有神

〔註4〕　〈大稻埕昨拜拜　城隍神輿招搖過市　宴客消耗數字驚人〉，《聯合報》第5
　　　　　版「藝文天地」，民國四十一年（1952）六月六日。

〔註5〕　相關的論述可以參看薩依德（Edward Said），《東方主義》（Orientalism, 1978），
　　　　　臺北市：立緒，1999；《文化與帝國主義》（Culture and Imperialism, 1993），臺
　　　　　北市：立緒，2001。

明誕辰，信眾就會舉行迎神繞境和拜拜，宴客是必然的事情。在知識份子的眼光中，這些都是「迷信」和「浪費」，都是可以節省的。何況那時候，國家的經濟狀況不好，剛剛歷經民國三十七年（1948）到三十八年（1949）的一千兩百萬倍的嚴重貨幣貶值，缺乏外匯存底，也就沒有進出口貿易。又承二次大戰之弊，臺北市到處是美軍轟炸所留下來的殘垣斷壁。復原需要經費、建設需要經費、抵禦中共的入侵需要更龐大的軍費。在一個經濟狀況不佳的時代，當政者很自然的會有「能省則省」的心態。在他們的眼光中，民眾在大拜拜時大吃大喝，實在奢侈浪費，於是這些活動就成了改革的頭號對象。

指控為「浪費」的指標之一，就是毛豬的屠宰量。數字會顯示隱藏在現象背後的事實。

在第八和第九兩章顯示，有些年份會記載在霞海城隍祭典期間殺了幾條豬，以示富裕和熱鬧。最早的記錄是 1900 年。報載：

臺灣本地人喜歡吃豬肉。大稻埕屠宰場平時每天殺豬四、五十頭，有時還賣不完。一旦到了舊曆五月十二日，宰殺的豬隻達三百多頭。十三日更高達四百多頭。〔註6〕

1908 年日文版報載，「為了這一次的祭典，大稻埕日新街的屠宰場殺了六百多頭豬，艋舺屠宰場的屠宰量也比平日增加數倍。」〔註7〕

1925 年，在三天的祭典期間，大龍峒屠宰場（按：應是大稻埕日新街的屠宰場）在第一天宰殺 135 頭豬，第二天 444 頭，第三天 187 頭。合計 756 頭豬。一頭豬計價 45 圓，三天共計 40,020 圓。〔註8〕

1926 年城隍祭典的時候，一共屠宰 487 頭，較平常時增殺三百幾十頭。由於中南部上來的香客大減，需求量大減，肉販徒呼負負。〔註9〕

1927 年的祭典期間，第一天屠豬 201 頭，第二天 440 頭，第三天 130 頭。一共殺豬 771 頭。〔註10〕 1929 年，屠豬 820 頭。〔註11〕 1932 年屠豬 605 頭，

〔註6〕 〈加倍於昔〉，《臺灣日日新報》第 633 號，日刊 4 版，明治三十一年（1898）六月十三日

〔註7〕 〈城隍廟大祭景況〉，《臺灣日日新報》第 3036 號，日刊 5 版，明治四十一年（1908）六月十日。

〔註8〕 〈四萬廿圓　城隍祭で消費の豚價〉，《臺灣日日新報》第 9034 號，日刊 5 版，大正十四年（1925）七月四日。

〔註9〕 〈豚肉敗市　各歇肉販徒呼負負〉，《臺灣日日新報》第 9388 號，日刊 5 版，大正十五年（1926）六月二十三日。

〔註10〕 〈市民需用豚　計七百餘頭〉，《臺灣日日新報》第 9743 號，日刊 4 版，昭和

較之往年少去百頭左右。〔註12〕1934 年，對於祭典期間的食品市場情況有很清楚的報導：

> 去四日稻江霞海城隍祭典當日，附近郡部人士固勿論，即中南部人士，來觀者不下十萬人。三日臺北屠畜場，屠殺豚畜四百七十四頭，而四日反少，屠殺三百四十九頭。午前十二時，肉已賣完，大部分不得購買。即有肉商向鄰村買入者，每斤起至五六十錢，視平日加貴二十數錢，人猶爭買。蓋是日論理要屠殺五、六百頭方足用。因意外少數，故未曾有缺乏。五日僅殺百三十五頭，乃平常日之八九成而已。又雞鴨水族蔬菜其他皆貴，斤雞六十餘錢，斤鴨三十餘錢，加貴平日四、五成云。

1935 年在有關的報導中提到：

> 本年自本月來陰雨靡定，氣候冷如初秋。十一、二日祭典前，陰雨連綿，觀客大減，如雞鴨豬肉蔬菜，祭典數日前即暴昂。十二日屠豚數百頭，忽遇終日豪雨，生意大殺，價遂跌落〔註13〕。

這種注意祭典時的民生消費情形的報導，一直沿續到民國四十幾年。日據時代的報導只是在陳述事實，而民國四十幾年對民生消費的報導，卻是在彰顯它的「浪費」特性。可以從民國四十一年（1952）三月十七日的這一則新聞報導看出端倪來。

這則報導的大標題為：「本市毛豬兩萬六　一年消耗拜拜中　大拜拜共有三十一次　市府調查完畢將予改善」〔註14〕，清楚的顯示這種「批判浪費」的態度。在報導中詳細的分析這兩萬六千頭毛豬的消耗量是怎麼算出來的：

> 總計以上本市每年有卅一次「拜拜」（經常每月初二、十六「做牙」除外），其中有十四次每次光毛豬一項則需消耗一千頭左右，其餘

二年（1926）六月十三日。

〔註11〕〈城隍爺大祭典　盛況を豫想さる〉，《臺灣日日新報》第 10477 號，夕刊 2 版，昭和四年（1929）六月十九日。

〔註12〕〈不景氣之反映　霞海城隍祭典中　稻市商人收入激減〉，《臺灣日日新報》第 11563 號，日刊 4 版，昭和七年（1932）六月十八日。

〔註13〕〈霞海城隍祭典雜觀〉《臺灣日日新報》第 12645 號，昭和十年（1935）六月十四日。

〔註14〕〈本市毛豬兩萬六　一年消耗拜拜中〉，《聯合報》第 2 版，民國四十一年（1952）三月十七日。

十七次則每次消耗五、七百頭不等，而農曆除夕消耗量達五千餘頭，
全市每年消耗於拜拜之毛豬。據統計總量約在二萬六、七千頭以上，
其數額實夠驚人。〔註15〕

這是估算數字跟實際情形有很大的出入。查民國三十六年至民國四十三
年（1947～1954）的《臺北市統計要覽》有關〈本市牲畜屠宰頭數〉的記錄，
得知臺北市那時候有「臺北、萬華、松山、稅捐稽徵處」等四個屠宰場，屠
宰的牲畜主要是豬、牛、羊三種。每年屠宰的豬、牛、羊總數如表 11-1。

表 11-1　　1947～1953 年臺北市牲畜屠宰數量

	共　計	豬	牛	羊
1947	44,919	40,714	2,386	1,819
1948	66,558	60,661	2,353	1,544
1949	69,251	66,557	1,365	1,329
1950	149,460	143,851	2,930	2,670
1951	203,854	195,193	6,174	2,487
1952	182,806	178,538	3,108	1,160
1953	218,316	213,944	3,069	1,303

資料來源：《臺北市統計要覽》第七期，1954，表 102。

我們從這個表 11-1 可以看到，在「豬」的那一項，從民國三十六年到四
十二年的六年當中，每年的屠宰數量比報紙上估計的數量多出很多。就以民
國四十一年（1952）來說，報上估計是年屠宰豬隻的數量是 26,000 頭，實際
上有 178,538 頭，多出六倍。

霞海城隍祭典通常是在國曆的六月。我們再來看看民國 39 年至 42 年的
四年裡，每到六月是不是有豬隻屠宰數量增高的現象，如表 11-2 所示，民
國三十九年（1950）有增高的現象，比前一個月多宰殺了 1,393 頭。民國四
十年（1951）的六月比五月多宰殺了 102 頭豬。民國四十一年（1952）的六
月反而比五月少宰殺了 970 頭豬。民國四十二年（1953）六月比五月多宰了
192 頭豬。就統計數據來說，是有增高的現象，但是沒有報導中所說的那麼
多。詳細情形見表 11-2。

〔註15〕同上註。

表 11-2　民國 39 至 42 年每月屠宰豬隻數量統計

	民國 39 年 1950	民國 40 年 1951	民國 41 年 1952	民國 42 年 1953
1 月	7,981	15,383	18,406	15,383
2 月	11,023	17,623	13,624	17,623
3 月	11,623	15,860	13,663	15,860
4 月	6,957	17,263	14,555	17,263
5 月	11,226	17,789	14,828	17,789
6 月	12,619	17,981	13,858	17,981
7 月	11,095	16,015	13,924	16,015
8 月	15,367	16,328	15,206	16,328
9 月	13,388	14,253	15,679	14,253
10 月	缺	15,168	15,283	15,168
11 月	缺	15,036	13,465	15,036
12 月	缺	16,444	16,031	16,444
全年	143,851	195,193	178,538	213,944
資料來源	《要覽》3 期表 75	《要覽》5 期表 87	《要覽》6 期表 90	《要覽》7 期表 87

　　從表 11-2，我們可以看到，當時臺北市一年之中，屠宰豬隻最多的月份是二月和八月。二月是過農曆新年，八月是中元普度。這是兩個根深蒂固的民俗節日，有幾千年的歷史文化傳統。霞海城隍慶典的威力畢竟比不上這兩個傳統節慶日。

　　因此，我們可以說，報上的屠豬數據是憑空想像的，主要目的就是要「建立確實可信的數據，顯示民間的拜拜有多麼浪費，以期能改革被主政者認為是不良的拜拜風俗」。可惜，用錯了數據，也低估了數據。

　　既然在數據方面有造假的嫌疑，那麼這則報導的其他部份，也就不盡可信。記者繼續編造輿情，藉口地方士紳也有同樣的「浪費」批評，造成一種「共同的看法」。這則報導是這樣寫的：

　　　　記者日來曾訪問本市若干地方士紳，他們皆認為如此繁多之拜拜陋
　　　　習，不但消耗大量物資，而且也影響社會經濟。人為了「拜拜」，
　　　　而致債臺高築。此項風尚實有徹底加以改善之必要〔註16〕。

〔註16〕　〈本市毛豬兩萬六　一年消耗拜拜中〉，《聯合報》第 2 版，民國四十一年（1952）
　　　　三月十七日。

　　我們無從查證文中所說的「地方士紳」是那些人。用常理來推想，當地人士早已融入那種祭祀、拜拜、宴客的文化氛圍之中，不可能有所「醒悟」而提出批評。日據末期已經有一些批評的聲音，焦點是放在紙枷、八家將的塗面臉譜這兩點「惡習」或「陋俗」，未曾涉及「浪費」這個層面。這些批評通常都是出自外來人口，只會用自己的生活經驗和既有的成見來看當地的活動，發覺格格不入，率爾提出批評。總之，這樣的新聞報導其實是政令宣導，欲達目的，不擇手段，任意編造故事，混淆視聽。

　　當時的大稻埕是臺北市的重心之所在。地狹人稠，於是動見觀瞻，成為各方矚目的焦點。民國四十一年（1952）時，臺北市的人口總數是 585,459 人。大稻埕劃分成三個行政區：建成區面積是 75.64 公頃，49,237 人；延平區面積是 122.38 公頃，54,237 人；大同區面積為 295.98 公頃，50,361 人。大稻埕三區總合起來的面積是 494 公頃，占當時臺北市總面積的 7.3%。人口數是 153,835 人，占全臺北市總人口的 26.3%。就人口密度而言，建成區人口密度為每平方公里 65,094 人、延平區的人口密度為每平方公里 44,319 人、大同區的人口密度為每平方公里 17,015 人。從這些數據來看，建成區是當時臺北市人口最密集的地方，也是大稻埕的精華地段。在人口眾多、地方狹小的條件下，建成區和延平區的拜拜和宴客就會顯得特別擁擠和熱鬧。

　　許多喝過洋墨水、滿腦子科學思想的知識分子與政府官員乍看這種擁擠、熱鬧的景象，環顧當時國難當前，經濟不佳的大環境，自然不能容忍這樣的「浪費」。於是在新聞報導上，就會出現這種「捏造」的新聞報導，來反對傳統的拜拜和迎神賽會。

第三節　開始禁止迎神賽會

　　在日據時代，霞海城隍祭典最引人入勝之處是在迎神繞境，前面幾章已詳盡記述。到了民國四十一年（1952），這個勝景開始遭遇到大麻煩。臺北市政府開始年復一年的「下令禁止」。可是民間不會因此而屈服，展開年復一年的對抗。

　　吳三連是臺北市的第三任（1950 年 2 月 6 日～1950 年 11 月）和第五任（1951 年 2 月 1 日～1954 年 6 月 1 日）市長。他在民國四十一年（1952）六月三日下午邀集市議會正副議長、議員、各區的區長舉行座談。會中，吳市長正式宣布：

「爲轉移社會不良習俗，防止浪費，實現社會改造，循例禁止迎神賽會，也命令市警局取締五月十三日遊行的鑼鼓音樂隊或舞獅隊〔註17〕。」

　　吳市長也對這項禁令有所說明。他在會中表示：

　　　　吳市長說：「政府決不干涉民眾的信仰自由，但是無謂的浪費現象，
　　　　應該要加以糾正，過去盲目的敬神態度應該要改變過來，敬神只要
　　　　精神上虔敬，禁止無謂的浪費，可將所節省的金錢捐作寺廟基金，
　　　　移作對社會或宗教有益之用，這才是眞正的敬神之道。」〔註18〕

　　吳市長的談話還有一些遮掩，市警察局長李德洋對於迎神賽會的態度就非常不友善。他在會中赤裸裸的斥責這些迎神活動是不符合時代的迷信：

　　　　市警察局長李德洋則表示警察局已奉命取締六月五日的迎神賽會，
　　　　但對於民眾其他敬神行動，則暫不加以任何干涉。李局長認爲迎神
　　　　賽會太浪費，與國計民生毫無利益，而且擾民傷財。中央早已明令
　　　　禁止。市警局對於違背法令的行爲，只有奉命禁止。李局長又說：
　　　　現在是民權的時代，我們的歷史是由神權，君權而進入民權。現在
　　　　有一部份人又想實現神權時代，這豈不是違背時代的潮流？落伍的
　　　　思想？〔註19〕

　　延平區和大同區選出的部份市議員曾起立反對市府的此一決定，他們說：「這個決定似欠公平，市政府既然准許本市松山、萬華的迎神賽會，爲何只禁止大稻埕區的迎神賽會？」〔註20〕他們請求市府在不妨礙市區交通原則下准許地方民眾舉行小規模的迎神賽會。會中沒有得到吳三連市長的同意。

　　這一年的實際情形又如何呢？六月五日的報導大標題：「大稻埕拜拜　大批警員出動　維持街頭秩序。」內容是這樣的：

　　　　今（五）日爲農曆五月十三日，本市大稻埕年例霞海城隍誕辰，該
　　　　處居民家家戶戶將舉行大拜拜，歡宴親友。日來，迪化街城隍廟擁
　　　　滿善男信女，市警局今日將動員大批員警維持秩序。〔註21〕

〔註17〕〈明日俗爲城隍誕辰　禁止迎神賽會　市警局決徹底執行　民權時代何仍迷
　　　　信鬼神〉，《聯合報》第2版，民國四十一年（1952）六月四日。
〔註18〕同上註。
〔註19〕〈明日俗爲城隍誕辰　禁止迎神賽會　市警局決徹底執行　民權時代何仍迷
　　　　信鬼神〉，《聯合報》第2版，民國四十一年（1952）六月四日。
〔註20〕同上註。
〔註21〕〈大稻埕拜拜　大批警員出動　維持街頭秩序〉，《聯合報》第5版，民國四
　　　　十一年（1952）六月五日。

　　六月六日的報導就充分說明大稻埕民間如何因應市政府的壓力。這則報導在前面已提到過，在此再次引用：

> 昨（五）日為農曆五月十三日，為本市大稻埕霞海城隍誕辰，該處居民舉行大拜拜，市警局曾禁止迎神賽會，後經該處市議員數人受民眾委託，向市警局請求，抬著神輿繞境遊行。於下午四時許集隊出發，隊伍前頭的三輛吉普車由市議員數人分乘作開路先鋒。繼為一幅寫著「擁護蔣總統」的斗大橫軸。國旗隊，西樂隊，謝范二將軍神像，金龍陣，另有「反共抗俄打回大陸」「軍民合作打回大陸」的橫軸兩幅。最後為城隍爺神輿。神輿過處鞭砲鳴放，觀眾夾道而立。〔註22〕

　　對應的辦法就是由市議員壓陣，再抬出一幅「擁護蔣總統」和兩幅「反共抗俄，打回大陸」的標語。在威權時代，這是很高明的對應方法。以後二十多年間，大體上就是這個「壓制──對應」的戲碼不斷的重演。

第四節　統一拜拜日期

　　日據末期已經有過「統一拜拜日期」的命令。至此，又死灰復燃。臺北市政府為了響應臺灣省政府公佈實施的提倡節約改善民間陋習辦法，對臺北市境內每年大小「拜拜」日期名稱做了一次調查，以便作為研究改善民俗辦法之參考。在這個調查中，一共列出三十一個「拜拜」的日期，如下表 11-3 所示：

表 11-3　臺北市境內年度拜拜日期一覽表

月　份	神　明　誕　辰	備　　　註
正月	1. 初二「頭牙」	以農曆為準
	2. 初九日「天公誕生」	
	3. 十五日「上元節」	
二月	4. 二月初二日「福德正神」誕生	
三月	5. 三月初三「三月節」	
	6. 三月十一日「清明節」	
	7. 十二日元園町「保生大帝」誕生	
	8. 十四日大龍峒「保生大帝」誕生	

〔註22〕〈大稻埕昨拜拜　城隍神輿招搖過市　宴客消耗數字驚人〉，《聯合報》第 5
　　　　版「藝文天地」，民國四十一年（1952）六月六日。

	9. 同日「保儀大夫誕生」	
	10. 廿二日萬華「媽祖誕生」	
	11. 廿三日大稻埕「媽祖誕生」	
	12. 廿六日松山區「媽祖誕生」	
四月	13. 四月二十六日「五穀先帝」誕生	
五月	14. 五月初五日「端午節」	
	15. 十三日大稻埕「霞海城隍」誕生	
	16. 十三日松山「霞海城隍」誕生	
	17. 二十九日萬華「保儀大夫」誕生	
六月	無	
七月	18. 七月初一日「開鬼門」	
	19. 七月初七日「七娘媽誕生」	
	20. 十二日「保生大帝」誕生	
	21. 十五日「盂蘭勝會」	
	22. 七月末日「關鬼門」	
八月	23. 八月十五日「中秋節」	
九月	24. 九月九日重陽節	
	25. 二十二日大稻埕「法主公」誕生	
十月	26. 十月初六日萬華「將軍爺」誕生	
	27. 十五日「下元節」	
	28. 二十二日「青山爺」誕生	
十一月	29. 十一月中「冬節」	即「冬至」
十二月	30. 十二月十六日「尾牙」	
	31. 三十日除夕	

資料來源：民國四十一年（1952）3 月 17 日《聯合報》，第 2 版

改革的第一步比較簡單，也比較容易做到的，就是統一各地寺廟的拜拜日期。民國四十二年時，臺北市統一規定一年兩祭，一次是在農曆三月二十五日，一次是在國曆十月二十五日光復節。

這種規定只是辦公室裡的風暴，民間根本不予理會。每一個節慶和大拜拜的日子，民間照舊祭神與宴客。只是新增兩次大規模的拜拜活動而已。民國四十二年五月就有這方面檢討聲音：

關於北市每年大小拜拜，耗費金錢，酗酒滋事，深爲市民所苦。市
府乃於本年初，實行統一拜拜的辦法，將保生大帝、天上聖母、霞
海城隍、五谷先帝，法主聖君等祭典合併改在農曆三月廿五日及國
曆十月廿五日春秋兩季舉行，以期減少市民浪費。用意雖佳，但以
宣傳不夠澈底，以致原有祭日既無法免除，反而增加統一祭典春秋
兩次，因之市民更感不勝其煩。〔註23〕

到了農曆五月十三日霞海城隍誕辰日，只是迎神繞境取消了，家家戶戶
照樣的拜拜和宴客。前一天，高玉樹市長〔註24〕發表有關節約拜拜的呼籲：

臺北市長高玉樹，四日發佈他就任後的首次公告，勸導臺北市民對
農曆五月十三日（國曆六月十三日）霞海城隍誕辰祭典日，恪遵政
府規定，破除迷信，請勿宴客，屬行節約。高市長在公告中，勸告
市民當日凡前往城隍廟進香，應限於以青果爲原則，其他牲畜牲禮
一律禁止搬進廟宇，如有違反，將予取締。同時，臺北市政府四日
分函臺北、基隆、新竹、桃園、宜蘭及陽明山等六個縣市（局）政
府協助勸導民眾，當日勿來臺北參加城隍誕辰祭典，因臺北市府已
禁止當天舉行的迎神賽會。〔註25〕

臺北市民把高市長的呼籲完全置諸腦後，繼續行之已久的大拜拜。《聯合
報》對這個現象有很精彩的報導：

霞海城隍誕辰往俗並舉行「迎城隍」。第二次大戰以前的日據時期，
迎城隍時出動全市甚至市郊各地的「陣頭」，抬著城隍神輿遊行，
由於各陣頭的競賽，各種化裝及旌旗，爭奇奪巧，舞龍弄獅，眞是
旌旗蔽空，鑼鼓喧天，其熱鬧實堪稱全省第一。因此全省各地聞名
前來參觀者，大不乏人。在城隍誕辰的前後兩天，當時鐵路公路的
交通，都臨時加開班車，減低票價。因此從中南部來北參觀的旅客，
都把各班火車占滿，其盛況於此可見，可稱爲人山人海。二次大戰
發生後，日本統制物資，禁止迎神賽會，可是到了這一天，迎城隍

〔註23〕〈假藉城隍祭典　神棍歛錢擾民　市商會請政府制止〉，《聯合報》第4版，
　　　　民國四十二年（1953）六月十七日。
〔註24〕高玉樹是臺北市民選第二屆市長，任期是1954年6月2日至1957年6月1日。
〔註25〕〈霞海城隍誕辰即屆　高玉樹勸市民　不要大拜特拜　祇准青果進香　禁獻
　　　　牲畜　盼鄰近縣市民眾　勿來省垣湊熱鬧〉，《聯合報》第3版，民國四十三
　　　　年（1954）六月五日。

是停止了，拜拜卻照例舉行，戰時缺乏的物資，大鴨大魚大肉，竟大事登場了。親友們也不恐怕空襲的危險，前來城隍廟燒香吃拜拜，醉漢仍在街頭歪倒。這不是迷信，這是民間風俗。有不少基督教徒，也未能免俗的在這一天宴請親友。日據時代警察權高於一切，也不能取締。

光復後，各種迎神賽會也跟著恢復，民國卅四年至卅七年，可謂全盛時期，尤以卅四年至卅五年最爲熱烈，各陣地都以青天白日滿地紅國旗前導，並以大幅橫軸或直軸，大書「慶祝抗戰勝利，光復臺灣」，年來則以「反共抗俄，收復失土」爲標幟，這是民間利用迎神賽會之機會，作愛國運動，宣傳反共抗俄的意識。近年來政府爲改良陋俗，實行節約，迎神賽會禁止了，拜拜請客也勸導盡量節省。

本市並於上年實行分區統一拜拜，但未能達到理想。今年則更爲積極的，規定全市統一春秋二次拜拜，即農曆三月廿五日及國曆十月廿五日（光復節）兩天舉行。三月廿五日的統一拜拜，全市可以說是敷衍過去了，未有像往常的大事鋪張，政府正喜已收到美滿效果。可是三月廿五日接下來的是五月十三日，這個本市最大的拜拜。新任市長高玉樹特爲這一天發表公告，勸導市民以花果祭祀城隍，並令凡持牲醴到廟中祭祀者，將予取締。然而新市長的公告仍是一紙公告而已。城隍廟全雞全鴨全魚的牲醴，還是排滿廟壇的長桌，手持神燈坐在三輪車上的善男信女，整日到處可見，城隍廟的香煙日以續夜的繚繞著，甚至其他廟宇如「媽祖宮」、「法主公宮」、「保安宮」等，亦擁滿善男信女。宴客亦於前日就開始，警察機關找不出取締的條文，而消極的通令警察人員不應赴宴吃拜拜，可是卻有不少本省籍公教人員及警察，也未能免俗的參加拜拜請客。這個風俗已經根深蒂固，也是民間一年一度的聯誼，政府規定統一拜拜後，人民奉行法令，應付統一拜拜，但年例的拜拜未能免俗，結果要節約，反而增加浪費。〔註26〕

─────────────────

〔註26〕〈任爾勸導節約　香客參拜依舊　霞海城隍「靈威」未減〉，《聯合報》第 5 版，民國四十三年（1954）六月十四日。

　　這種「政治性儀式」每年都會上演。祭典的時間將屆，市長就會等因奉此的宣布要求民眾節約拜拜，不可鋪張浪費。而民間完全我行我素，照樣的宴飲賓客。民國四十三年（1954），高玉樹市長就照著既定的劇本演出，曾呼籲市民節約，革除陋俗，禁止城隍出巡。霞海城隍廟為了遵守政府節約原則，在前一天於廟門前貼上『敬請節約』的標語。〔註27〕實際情形卻是剛好相反：

> 但是從昨天善男信女朝拜的情形來看，廟門前擺設一丈多長的供桌
> 上面，依然供滿了雞、鴨、魚、肉等供品，後來的香客還要排在後
> 面等候，否則攜來的供品擠不上供桌。廟裏面擠滿跪拜的男女香客，
> 香煙繞繞，求卦問卜，許願還願，無非是求城隍爺保佑四季平安。
> 昨日之香客中大部份是年紀大的婦女，其中也不乏身穿尼龍紗旗袍
> 高跟鞋，打扮的摩登少婦小姐們。

> 今天霞海城隍誕辰，除了本市善男信女進香朝拜外，住在延平北路
> 附近商店及住民，於昨晚已在開始拜拜，宴請親友，預料今日吃拜
> 拜的人，將更為擁擠。〔註28〕

　　從這些報導中，我們知道，在民國四十三年（1954），迎神繞境活動是被迫取消了，可是到廟中燒香、獻供品、在家中宴客等活動，並不會因禁令而有所消止。也就是說，在民眾的心目中，必需要維持「敬神」的最低限度，個人帶供品到廟裡燒香、在家中宴請賓客是必要、不可省的項目。至於迎神繞境是屬於公眾的事，政治也是公眾的事。當政治的力量大過迎神的力量時，那麼「要省，就省吧」。

　　翻看《聯合報》上每年有關霞海城隍祭典的報導，可以清楚的看到，這種政治壓力是有時間限制的。當政策初起的時候，壓力很大，執行也就比較徹底。過個幾年，時空變化，壓力會慢慢減小，民間的拜拜和迎神活動又會蓬勃發展。民國四十四年（1955）時，就已經知道這種改革的成果有限：

> 臺灣光復後，市府對於此種祭典的過分浪費，擾民傷財，曾明令禁
> 止舉行迎神賽會，並將城隍誕辰祭典與媽祖法主公等誕辰祭典統一
> 於農曆三月廿五日合併舉行，但實施雖已數年，收效仍很小。

> 臺北市政府於廿一日上午曾召集大同、延平、建成三地區市公所、
> 警察局、教育局及霞海城隍廟等代表舉行座談會，商談改善城隍祭

〔註27〕同上註。
〔註28〕同上註。

典問題。〔註29〕

　　既然要開會討論改善民俗，就會有一些應景的紙上作業，嚴正呼籲遵守幾項改革事業，如報導云：

　　　　臺北市政府昨日召開改善農曆五月十二日霞海城隍祭典座談會，決
　　　　定勸導一般市民遵照改善民俗辦法自行禁止無謂浪費，凡屬下列事
　　　　項，均在嚴格取締之列。（一）售紙枷，隨香燈旗等迷信物品，故
　　　　意違犯者得以行政執行法處罰之。（二）音樂隊、龍隊、獅隊及其
　　　　他一切遊行活動。（三）在祭典前後兩天及祭典當日，演唱街頭戲。
　　　　（四）祭祀用之牲畜。（五）不肖之徒，以敬神名義募捐或籌款者。
　　　　（六）公教人員之赴宴及請客。〔註30〕

民國四十四年（1955）的霞海城隍誕辰，盛況依舊，家家戶戶宴客。只是少了迎神繞境而已。報紙上如是說：

　　　　昨日為農曆五月十三日，本市大稻埕一帶居民舉行一年一度的霞海
　　　　城隍誕辰大拜拜。當地居民家家戶戶備辦酒席宴請親友，來自大稻
　　　　埕以外的本市其他各區及市郊等地賓客數萬人應邀赴宴，致使大稻
　　　　埕一帶的街巷人滿為患，擁擠不堪。

　　　　昨日下午七時，當大稻埕一帶居民賓至如歸之時，忽有一聲巨雷自
　　　　中山北路二段平安市場邊響起，當地一個變壓器被雷打毀。附近居
　　　　民無不大驚失色，因該變壓器之被摧毀，影響所及，大稻埕一帶電
　　　　燈盡滅，變成一片昏暗世界，宴客人家只好用蠟燭取亮。但因電扇
　　　　不能轉動，客人大都熱得汗流浹背。幸電力公司急即派工前往修理，
　　　　卅多分鐘後，即告恢復光明。

　　　　管區第一分局為防止酗酒滋事及維持該區交通，昨晚特加強警戒，
　　　　並禁各員警赴宴及請客。〔註31〕

　　市政府每年都會依樣畫葫蘆的呼籲市民要節約拜拜，市民每年還是很熱

〔註29〕　〈霞海城隍過壽　民不必酗酒吃喝　市政府勸告市民〉，《聯合報》第 3 版，
　　　　　民國四十四年（1955）六月二十二日。
〔註30〕　〈祭拜城隍　嚴禁浪費〉，《聯合報》第 3 版，民國四十四年（1955）六月
　　　　　二十二日。
〔註31〕　〈大稻埕昨晚熱鬧　巨雷驚四座　黑中吃拜拜　警察加崗忙警戒〉，《聯合報》
　　　　　第 3 版，民國四十四年（1955）七月三日。

情的舉行大拜拜，宴請親朋好友。到了民國四十七（1958）、四十八年（1959），來自市政府的壓力減弱許多。霞海城隍廟的祭典活動又到達一個新的頂峰。

第五節　熱鬧的頂峰（1956～1960）

一、1956 年

民國四十五年（1956）的霞海城隍祭典就非常熱鬧，報上對這一年的熱鬧情形有很生動的描述：

> 【本報訊】昨（六月廿一）日為農曆五月十三日，依例霞海城隍誕辰祭典，本市延平、大同、建成三區聯合舉行大拜拜。自三天前開始請客，昨日為正日，據估計，在此次拜拜中大吃大喝的結果，至少花費了新臺幣數千萬元。
>
> 昨日菜市場蔬菜普升一成至二成，竹筍由二元四角升至二元六角，白菜升至一元。豬肉每斤由十三元升至十四元，母雞升至廿元，肉魚每斤十六元。昨日大稻埕一帶的菜場，利市百倍，比起端午節，更為熱鬧。
>
> 舉行拜拜的人家，無不盡其所能，大宴賓客。自中午十二時後，大稻埕一帶便在沸騰，各地的賓客紛紛而來，入晚之後，馬路更是人車擁擠，熙來攘往。自戶內傳出的喝酒猜拳之聲，到處可聞。雖然市場銀根很緊，但大稻埕昨日的大拜拜，其熱鬧景象，依然不減當年，且有過之。因時值天氣炎熱，各家請客，較為過得去的人家大都是啤酒。據非正式的估計，昨日一日，在大稻埕一帶的啤酒，在七、八萬打上下。其他雞、鴨、魚、肉的消耗，不計其數。在這個大拜拜之日，大稻埕一帶的餐館，更是忙得不可開交。城隍廟口的一家經常為人所包辦宴席的餐館，即承包三百多席之多。每逢大拜拜，不免醉酒滋事，因此本市警察局，昨日特派出大批警員，前往維持交通及警備。但盡管警員加多巡邏與維持交通，但延平北路的擁擠，仍難避免在十字路口陷於交通阻塞之象。〔註32〕

〔註32〕〈名為城隍過壽　實供世人大嚼　大稻埕昨好大拜拜　肉山酒海　賓客如雲　車水馬龍　行人如潮〉，《聯合報》第 3 版，民國四十五年（1956）六月二十

二、1957 年

民國四十六年（1957）不見有前述的禁令。報紙直接陳述霞海城隍大拜拜的盛況：

> 昨日是農曆五月十三日，臺北市延平、大同、建成等區，有數十萬市民爲霞海城隍爺誕辰舉行大拜拜，消費達二千萬元。治安機關爲維護治安及疏導交通，昨晚曾出動大批憲警入員戒備。

> 臺北市昨日下午六時後，人如潮水般的男男女女趕往吃拜拜，使延平北路、重慶北路、民生路、長安西路、寧夏路等交通擁擠不堪，快慢車道盡是三、五成群的行人，雖有大批交通警察，亦無法維持交通，至晚上九時後，重慶北路交通最爲混亂。主要原因是延平北路二段在翻修馬路，向北行之車輛由保安街口轉道，向南行之車輛由民生路口轉道，因此重慶北路成爲主要幹道。所有之公路局汽車、公共汽車、及其他之甲種車輛均擁擠到重慶北路。加上昨晚大拜拜，重慶北路之交通數度阻塞，許多車輛夾在人潮中寸步難行，經大批交通警員疏導，來往交通車輛始能通過。

> 治安機關昨晚爲防止數十萬人吃拜拜發生事故，刑警總隊及臺北市警察局等均出動有無線電話裝備之警車巡邏，市刑警隊之摩托車隊在馬路上來往警戒，管區第一分局臨時設立中心指揮部，由該分局局長梁乃怡親自指揮，各派出所門前均有武裝警察守衛。〔註33〕

三、1958 年

民國四十七年（1958）報上不見任何有關「節約拜拜」的報導，以「爲城隍祝壽　大稻埕拜拜」爲主標題，「迪化街上管制車輛　雞鴨魚肉乘機漲價」爲副標題，直接描述霞海城隍祭典的盛況。重點在於交通管制和零售物價上揚。報導的內容如下：

> 今日爲農曆五月十三日，本市迪化街霞海城隍誕辰，依俗例善男信女將擁往城隍廟燒香，本市警局爲防止人車擁擠，定今日上午八時起至下午六時止，對迪化街一段（南京西路口至民生路口）實施交

二日。

〔註33〕〈城隍爺過生　忙壞了警察　防範滋事疏導交通〉，《聯合報》第 3 版，民國四十六年（1957）六月十一日。

通管制，禁止汽車，三輪車，牛車，板車等通行，以上車輛請改向
南京西路，延平北路，民生路行駛。

本市大稻埕數十萬市民慶祝霞海城隍誕辰，舉行大拜拜，三重鎮方
面民眾多往大稻埕看熱鬧和吃拜拜。三重警察分駐所爲防止臺北橋
西端交通擁塞，今調動大批交通警察維護該段交通秩序與疏導來往
車輛。

△今（廿九）日農曆五月十三日，俗例爲城隍誕辰，本市延平、建
成、同三區住民將大開殺戒，殺雞殺鴨爲城隍爺祝壽，並將設宴大
請親朋，故昨（廿八）日小菜市場一反過去清淡，顯呈異常熱鬧，
雞鴨肉身價趁此機會，紛紛抬高，母雞漲至二四元，公雞漲至二二
元，鴨漲至一四元，鵝漲至一二元，豬肉後腿肉漲至一五‧六元，
比平日普升二至三元之譜，鮮魚、蔬菜身價亦普遍提高兩三成之多。

〔註 34〕

四、1959 年

鑒於前兩年霞海城隍大拜拜時，整個大稻埕的交通幾乎癱瘓，在這一年，
就實施嚴格的交通管制。管制的範圍很大，南自中正路、中華路口、延平北
路平交道起，北至民權路止，東自中山北路（錦西街口至民生路口）、承德
路起，西至環河北街止。臺北大橋改成由東向西出城到三重埔的單行道。從
西向東，由臺北縣進入臺北市的車輛全部由中興橋進入臺北市。〔註 35〕

所有經過大稻埕的八線公共汽車全部改道行駛，並且增開班車，也加開
一條臨時的路線，由臺北東站經中正路，中山北路，撫順街，民權路至大同
區公所之區間車，以利疏運乘客。這九線公共汽車的路線變動情形如下：

1. 東○路線（松山到臺北車站左右循環）：除北門站至行政院間改經
中正路行駛外，其餘路線均照舊不變，並在臺北西站設置臨時停
車站乙處。

2. 北○路線（大龍峒到臺北車站左右循環）：左轉線改爲由大龍峒站

〔註 34〕 〈爲城隍祝壽　大稻埕拜拜　迪化街上管制車輛　雞鴨魚肉乘機漲價〉，《聯
合報》第 2 版，民國四十七年（1958）六月二十九日 6 月 29 日。

〔註 35〕 〈霞海城隍明日過壽　延平建成兩區　實施交通管制　九條路線公車縮短改
道〉，《聯合報》第 2 版「大眾生活」，民國四十八年（1959）六月十七日。

　　至臺北戲院站之區間車，右轉線停駛。

3. 二路線（大龍峒到臺北車站）：由大龍峒站照原線行駛至延平北路民權路口後，繞經民權路撫順街，中山北路，中正路至臺北東站爲終點，並在大同區公所，錦州街，中山區公所，照安市場，設置停車站四處。

4. 九路線（臺北橋到萬華）：縮短由萬華行駛至臺北郵局爲起訖站。

5. 十二路線（遼寧街光復東村到中山堂）：由光復東村照原線行駛，至南京東路、中山路口後繞經中山北路一段，中正路、博愛路，以下照原線行駛至中山堂站爲終點。並在第三分局，行政院，臺北西站，設置停車站三處。

6. 十三路線（大龍峒到崁頂「中正橋」）：改由北門站爲起訖站，並在北門站設置起點停車站一處。

7. 十四（三重菜寮到臺北火車站）、廿四路線（臺北車站到三重德林寺）：自上午十一時起均停駛。

8. 十九路線（三張犁到圓環）：縮短至第三分局站爲起訖站。

　　由於多年來不准迎神繞境的活動，這一年的主事者剛好是臺北市議長張祥傳，他想出了一個妙招，把「迎神繞境」和「宣傳保密防諜活動」結合在一起，於是就師出有名、理直氣壯了。在報紙上所發布的新聞是這樣寫的：

> 臺北市民衆團體聯合舉辦的保防宣傳週今日進入第三天，今日下午二時將配合霞海城隍大拜拜，同時舉行大規模遊行，有五十個樂隊參加大遊行，在龐大的遊行隊伍中作各式的保防化裝宣傳，以喚醒民衆提高保防警覺，加強防護設施。〔註36〕

　　這一年霞海城隍盛大「出巡」繞境是託庇在「保（密）防（諜）宣傳」的名義之下。在農曆五月十三日的下午一時三十分，霞海城隍神轎將在前呼後擁之下親自「出巡」。繞境的路線是由迪化街三段、二段、一段，轉鄭州路，長安西路，圓環而至重慶北路二段解散。

　　參加遊行的行列在張祥傳議長和多位議員的帶領下，以延平區的共樂軒爲主幹，有清一色的「全十音」和「南管」。「全十音」的特製遮陽天篷，長達二百餘臺尺；繼之是中西樂隊，鼓號喧天。樂隊有三輪及馬隊，並有清

──────────

〔註36〕〈遊行隊伍　宣傳保防〉，《聯合報》第 2 版「大衆生活」，民國四十八年（1959）六月十八日。

一色的女子樂隊。另由靈安社與德樂社的高蹺化裝遊行，國旗隊，支援西藏抗暴遊行，路關牌，大鼓亭，獅陣、舞龍等，城隍爺在遊行行列之中，有化裝衙門班、八將班、陰陽屍、包公、神馬等古典化裝殿後。全省各地之娛樂組織有五十餘單位參加。報導稱「可謂極一時之盛」。〔註37〕

臺北市議會的議長張祥傳〔註38〕，同時也是臺北市茶商公會的理事長。從日據時期開始，茶商公會一直在參與一年一度的霞海城隍祭典活動。民國四十八年霞海城隍的祭典就由臺北市議會的議長張祥傳來擔任主任委員。他的孫子更走在城隍出巡的隊伍前面，擔任前導。張議長率領大同、延平、建成三區選的議員全程參加。〔註39〕

這一年的報導，特別針對霞海城隍祭典獨有的「戴紙枷」習俗有所描述：

這是光復以來，延平、建成二區最大規模的一次大拜拜。轄區善男信女，將以今日凌晨零時起，湧往迪化街霞海城隍廟祭拜。希望霞海城隍爺保佑一年平安。屆時霞海城隍廟內，紅男綠女，摩肩接踵，當有一番盛況。

依照陋俗，延平、建成二區的善男信女，如在今年農曆五月十三日以前做錯了事，或在這一年之內病痛多而做事不順手者，均將於霞海祭典之中，戴上紙做的枷鎖或手銬腳鍊，跟隨霞海城隍遊行示眾，或拿著掃把為霞海城隍掃街開道，以表示贖罪之意。這一種陋俗，因警察機關認為有辱人權，已於日前明令禁止；但一般相信，在霞

〔註37〕 〈中西樂交奏　高蹺隊隨行　議長議員均參加行列〉，《聯合報》第 2 版「大眾生活」，民國四十八年（1959）六月十八日。

〔註38〕 薛化元撰，《國史館現藏民國人物傳記史料彙編第八輯》，（臺北：1993）：「張祥傳（1904.7.14～1985.3.19），字習甫，臺北土城人。普通文官考試及格。1928年以暗通中國國民革命，遭日警逮捕入獄。1934 年出獄後，與黃朝清、林柏壽等合夥經營永有茶行。其後被推為臺灣製茶同業公會理事長，並收買基隆船業公司株式會社。中日戰爭期間曾掩護中國在臺情報人員，為軍統局戴笠等人所稱道。1949 年他倡組臺灣省機帆聯營處，被推為主任委員，解決來臺船員生活，並協助國軍外島軍運。1950 年到 1953 年間，先任臺北市議會副議長，其後擔任議長，直到 1970 年引退。並任國民黨中央考核紀律委員會副主任委員。議長任內，他曾介入《公論報》，使李萬居失去經營權。此外他曾任臺灣省及臺北市商業會理事長、臺北市觀光協會理事長、臺灣區茶葉輸出業同業公會常任理事等職。」

〔註39〕 〈霞海城隍乘輿出巡　三萬住戶宴客破財　警察取消休假嚴防發生意外　城隍廟內今有熱烈偉大場面〉，《聯合報》第 2 版〈大眾生活〉，民國四十八年（1959）六月十八日。

海菩薩祭典之前，仍有不少善男信女，到城隍廟內以此一方式表示「虔誠」。〔註40〕

更有趣的現象是臺北市議會在開會期間，正在審查年度預算，議長張祥傳宣布：六月十八日休會一天。理由是他和建成、延平區的議員要去參加霞海城隍的遊行活動〔註41〕。臺北市政府位在建成區內，由於員工大都要參加「吃拜拜」活動而提前打烊。這則報導生動的描寫當時的情形：

> 為霞海城隍誕辰大拜拜，臺北市政府昨日提早「打烊」，昨天上午各單位的辦公室人員即顯然減少，下午多數簽而不到。除服務臺、財政局、社會福利課及人事室、主計室人數比較多，其餘各單位均冷冷落落，有的看熱鬧去，有的吃拜拜去，也有的自己忙於做拜拜。市民住宅興建委員會集體應邀吃拜拜。該會所用的六五～〇四六五號旅行車坐得滿滿的，由市府大門口浩浩蕩蕩出發。

> 由於交通管制，欲到市府接洽公務或辦理各種申請或至稅捐處繳稅的市民，除騎腳踏車外，均須安步當車，自延平北路鐵路平交道而步行至市府，要走半個鐘頭左右，擠得滿身大汗。結果到了市府找不到主辦人員，莫不徒呼負負，洩氣而返。〔註42〕

這一年的霞海城隍大拜拜號稱是光復二十二年來最盛大的一次。也是正面報導最多的一年。由於前來的人太多，警方實行交通管制。對於這一年的廟會現況有如是之報導：

> 昨天是本市延平、建成二區以及大同區部份地區一年一度慶祝霞海城隍誕辰的統一大拜拜。本市鐵路以北以及中山北路以西的大部份地區，均在敬神宴客的氣氛中，歡度一日。除了有廿二年來最為盛大的城隍菩薩「出巡」場面之外，有的人家並自中午起，即大開流水宴席，歡宴親朋，以迄深夜。據最保守的估計，在這一天的浪費中，要浪費新臺幣一億元左右。

> 延平、建成及大同三區，昨日整日人山人海，擁擠不堪，市警一、八、九三個分局，自上午十一時起，即對上述區域實施交通管制。

〔註40〕同上註。

〔註41〕〈慶城隍誕辰　市議會休會〉，《聯合報》第3版「大眾生活」，民國四十八年（1959）六月二十日。

〔註42〕〈群吏爭為城隍壽　冷落市府早打烊　集體吃拜拜浩浩蕩蕩　洽辦公務者阻塞於途〉，《聯合報》第2版「大眾生活」，民國四十八年（1959）六月十九日。

甲種車輛一律改道行駛，三輪車及其他人力車輛，一律祇准出不准
進。

位於迪化街，永樂市場附近的霞海城隍廟，自昨日零時起，即擁擠
不堪，香火鼎盛。來自各方的善男信女，都獻上帶來的雞鴨牲禮，
鮮花水果、虔誠禱告城隍菩薩。不少善男信女，並帶上黃紙做成的
枷鎖，跪在神龕之前。有些穿著時髦的酒家女或風塵女子，穿了尼
龍的透明旗袍，高跟皮鞋，胸前掛著紙做的枷鎖，特別引人注目。

城隍菩薩「出巡」時的遊行行列，從上午即已集中在民權路附近的
保安宮，熙熙攘攘。人數最少在一萬人以上。但遊行路線，到上午
還未具體決定。最後決定的遊行路線，頗費周章，經過數小時的激
辯，始於下午一時三十分出發。〔註43〕

雖然張議長曾經邀請其他各區的議員前去吃拜拜，共襄盛舉。不過，市
議員的成份複雜，各有盤算。當六月十九日上午市議會復會後，其他各區的
議員紛紛指責張祥傳議長的不是。〔註44〕

五、1960年

到了民國四十九年（1960），前來吃拜拜的人潮更加可觀。報載，估計有
五十萬人。為了維護當地的秩序，警察和憲兵全部出動。警方指揮中心設於
八分局二樓，一、八、九等三個分局〔註45〕的分局長都坐鎮各該分局處理突
發事件。

實行更嚴格的交通管制。市警局公布霞海城隍祭典期間的交通管制辦法
如下：

一、管制期間：六月六日上午十一時至下午十二時止，公告由總局

〔註43〕〈延平建成兩區居民　為祝城隍壽誕　大開流水宴席　萬人空巷爭看神輿過
　　　　街〉，《聯合報》第2版，民國四十八年（1959）六月十九日。

〔註44〕〈議會停開　去拜城隍　張祥傳受指責〉，《聯合報》第3版，民國四十八年
　　　　（1959）六月二十日。

〔註45〕臺灣光復後，國民政府於民國34年（1945）11月接收日據時代的臺北市北警
　　　　察署，改稱臺北市警察局第一分局。民國48年間，延平區自第一分局劃出成
　　　　立第八分局，建成區成立第九分局。58年4月臺北市升格為院轄市，第一分
　　　　局改稱大同分局，第八分局改稱延平分局，第九分局改稱建成分局。78年3
　　　　月16日合併第一、八、九分局成立寧夏分局。79年3月12日臺北市實施第
　　　　四期區里行政區重劃，自此寧夏分局改稱大同分局。

發佈。

二、管制範圍：

（一）臺北橋甲種車輛西行單行道，三輪車不准過橋。

（二）北門口鐵路平交道，管制甲乙（自行車除外）種車輛〔註46〕。

（三）延平北路一段鐵路局門口疏導三輪車往中正路方向行駛。

（四）南京西路、長安西路、華陰街、民生路、錦西街鐵路平交道管制甲乙種車輛（自行車除外）。

（五）管制區內有組三輪車只准外出不得進入。

（六）轄內班組三輪車於該日下午一時至八時停止活動。

亦如前一年，九線公共汽車改道，增開從臺北車站到大同區公所的臨時路線。〔註47〕由於前一年的聲勢過於浩大，驚動了中央主政者，讓臺灣省政府在六月五日下令給臺北市政府，要求延平、建成、大同三個區公所大力宣導，節約拜拜。省府的說詞是這樣的：

省府今天曾接中央的指示說，臺灣的拜拜習俗，常形成勞民傷財，實非一種良好的社會現象；人民在生活上不必要的消耗減少，才能促進國民儲蓄，投資生產，來發展經濟建設，省府應加強勸導民間改善拜拜習俗。

省府據報臺北市延平、大同、建成三區今年六月六日的霞海城隍誕辰，將擴大舉行統一大拜拜，並邀請中南部親友赴宴，人數可能達到五十萬，所以電令北市府立即勸導節約。〔註48〕

負責全國治安的最高權力機關警備總部也沒閒著。警備總司令黃杰也跟著發表談話：

六日臺北市延平、大同、建成三區霞海城隍誕辰統一大拜拜，雖然反映出自由生活方式之民間信仰與社會傳統習俗，但是赴宴者將有五十萬人，且有遠自中南部來者。鑒於以往經驗，凡逢大拜拜，人眾雜亂，肖小之徒必然乘機活動，酗酒滋事，尋仇報復者亦大有人

〔註46〕甲種車輛是指四輪的汽車，乙種車輛是指二輪的機車和腳踏車。

〔註47〕〈延平區交通　明將管制　九路公車繞道或停駛　增開區間車疏運旅客〉，《聯合報》第3版，民國四十九年（1960）六月五日。

〔註48〕〈北市三區明大拜拜　省令勸導節約　警總籲請共同維護秩序〉，《聯合報》第3版，民國四十九年（1960）六月五日。

在，爲害社會治安甚巨。本部職司警備治安，除指導有關單位極力
維護秩序外，甚望各界人士停止赴宴，更望延平、大同、建成三區
居民儘量減少供應酒類，以符節約拜拜之旨，共同維護秩序安全。
〔註49〕

在這種情況下，倡導「節約」「端正禮俗」的戲碼又開始上演。臺北市民
政局就指示延平區，成立「改善民俗實踐會」，四日下午三時在延平區公所
舉行統一祭典節約座談會，一部份屬於霞海城隍拜拜範圍的建成、大同兩區
區長亦應邀參加。延平區地方人士及里鄰長六十餘人到會。延平區長兼「實
踐會」主任委員陳秋火，首先說明統一祭典之意義，他請與會人人協助勸導
區民，切勿大事舖張，節約浪費。

民政局長王飛龍說明今年是世界難民年，而且本省「八七水災」復興尚
未完成，希望全區區民節約，如節省宴客費用轉而捐助救濟有特殊表現者，
市府當予獎勵。

與會人士熱烈發言，一致主張勵行節約座談會中決定，由該實踐會會同
區公所、里長、鄰長共同組成勸導小組，分發宣傳單，挨戶勸導，先請地方
紳士以身作則。區公所將分函各機關學校，下令公教人員不請客、不赴宴。
同時，決定請祭典委員會儘量縮小遊行範圍，一切從簡。〔註50〕

實際上，這些呼籲、開會等動作，仍是紙上作業而已。民間依舊熱熱鬧
鬧的大拜拜。六月六日是農曆的五月十三，霞海城隍誕辰，報上已不再報導
是否迎神繞境，只關心五十萬人一時湧入大稻埕（延平、建成和大同三區）
所造成的交通混亂，衍生的各種社會問題，以及指責舖張浪費。〔註51〕

第六節　移風易俗（1961～1968）

六、1961年

臺灣觀光協會爲配合觀光年計畫，增加國際觀光旅客的興趣，擬定今年

〔註49〕同上註。
〔註50〕〈北市三區明大拜拜　省令勸導節約　警總籲請共同維護秩序〉，《聯合報》
　　　　第3版，民國四十九年（1960）六月五日。
〔註51〕〈霞海城隍過壽　五十萬人吃喝　三區大拜拜多人路邊倒　憲警防範嚴未發
　　　　生事故〉，《聯合報》第3版，民國四十九年（1960）六月七日。

度的觀光年曆一種，並經交通部觀光事業小組核定，把霞海城隍祭典列為六月份的觀光項目。〔註52〕

這種五十萬人一時湧入大稻埕來吃拜拜的狂熱，讓臺北市政府感到無比沉重的壓力，深恐發生重大事故。於是就想盡辦法來減輕壓力。從民國五十年（1961）起，每到霞海城隍祭典的時候，臺北市就會積極上演一齣「改善祭典，節約浪費」的大戲。臺北市政府邀集臺北市議會、民政局、警察局、建成、延平、大同三區的區長，以及地方人士，舉行座談會，商討如何改善祭典。報載：會中一致決議要「節約浪費」，設立監察小組。

據延平、建成及大同三區區長說：各區區民絕大多數表示自今年起，要厲行節約，改善民俗，不再邀請外埠親友前來吃喝。對於城隍祭典亦決盡量避免鋪張〔註53〕。

顯然，這三位區長也是睜眼說瞎話，照劇本，背誦臺詞而已。在會中也由市議會、民政局、警察局等各單位派員指導，負責糾察浪費攤派及藉神歛財等事宜。各區區長、民政課長、警察分局長、里長等分赴祭典地區督導。同時也有六項決議：〔註54〕

（一）今後拜拜以不赴宴、不邀宴為原則。

（二）祭品盡量用水果、香茶及鮮花。需要牲禮祭拜的寺廟，以豬、羊各一頭為限，市民不得以全豬作為祭品。

（三）農曆五月十三那一天准演戲，以後一律停止，不得續演。

（四）祭典的節約浪費，省下來的錢移作捐獻地方上有關慈善事業基金之用。

（五）嚴格取締神棍藉機歛財活動，各寺廟及「祭祠公業」管理人違法募捐祭典費者，決予嚴辦。

（六）如舉辦遊行，必須向警備總部申請核准。

市政府更規定：要詳加考核這三區的區公所工作人員對這項工作的推行成果，列為本期地方自治工作競賽的重要項目。〔註55〕

〔註52〕〈臺省觀光協會編定　今年度觀光年曆表　各月份慶典及有關活動　均富中國民間遊樂特色〉，《聯合報》第2版，民國五十年（1961）三月十七日。
〔註53〕〈北市霞海城隍誕辰將屆　有關單位決定　勸導民間節約〉，《聯合報》第3版，民國五十年（1961）六月二十五日。
〔註54〕同上註。
〔註55〕同上註。

　　臺北市政府鑒於歷年祭典和舖張宴客浪費至鉅，今年指定各有關單位，會同大稻埕三區的地方人士加強宣傳、勸導及取締。核心所在的延平區，由負責祭典的民間人士以及區公所、警察分局等單位組成勸導機構，與地方領袖人士取得協議，決定今年絕不對外埠發送香條與請帖，並且盡量不舖張。因此，一般預料今年的大拜拜將較之往年節省很多。由於市民自動節約，遊行街頭的迎神賽會均將簡單舉行。〔註56〕

　　實際情形則是拜拜的盛況依舊。一如往昔，公共汽車有九條路線臨時改道、暫停行駛，或繞道，或縮短行駛。另外增開由臺北東站經中山北路至大同區公所臨時線之區間車，以減少乘客擁擠〔註57〕。

　　這一年參加迎神繞境的「陣頭」有三十多個，人數在三千人以上。下午一時起，由保安宮出發，經過迪化街一段，南京西路，西寧北路，鄭州路，延平北路一段，延平北路二段，保安街，重慶北路一段，南京西路，華亭街，轉至太原路後解散。報上稱這是本市規模最大的拜拜遊行〔註58〕。

　　民國五十年（1961）前來吃拜拜的人數比前一年大為減少，估計還有二十萬人。報紙云〔註59〕：

　　　昨（廿五）日北市延平、大同、建成等三區的霞海城隍誕辰大拜拜，
　　　各地趕往吃拜拜的客人多達二十餘萬人，但比起去年已較為遜色。
　　　其原因除天氣太熱外，該地的商業不景氣亦為重要因素之一。在本
　　　年迪化街一帶的商業區，有少數公司根本就不請客。但據統計昨日
　　　的耗費，仍達三千餘萬元之鉅。

　　　昨日下午霞海城隍出巡，遊行的隊伍長達數里，參加的人有二千餘
　　　人。遊行的儀仗隊中，除了各地「陣頭」外，尚有各種化裝、高蹺
　　　等，場面頗為盛大，自下午二時起遊行至四時三十分始告解散。

　　　昨日為應付拜拜需要宰殺了一千四百餘頭豬隻，各地并運來大批魚

〔註56〕〈市府勸節約　祭典勿舖張　每年此日消耗太大　有關單位加強宣傳〉，《聯
　　　　合報》第3版，民國五十年（1961）六月二十五日。
〔註57〕〈九條路公車　分別暫停繞道縮短　增臨時線輸運乘客〉，《聯合報》第3版，
　　　　民國五十年（1961）六月二十五日。
〔註58〕〈延平等三區今拜拜　警局防範滋事　局部管制交通　管制時間中午起子夜
　　　　止〉，《聯合報》第3版，民國五十年（1961）六月二十五日。
〔註59〕〈半邊城「吃」緊　三個區大「拜」　霞海城隍昨日祭典　民間耗費三千萬
　　　　元〉，《聯合報》第3版，民國五十年（1961）六月二十六日。

　　類、蔬菜，酒類的消費更爲驚人。昨日警方爲維持該三區交通安全，

　　動員了五百餘名義勇警察協助維持交通。北市一、八、九等三個分

　　局全部警察及刑警人員，均出動維持治安，

　　這樣的報導重點已不再是「商業活絡」，而是「舖張浪費」和「交通管制」。注意的焦點不同，廟會發展的軌跡當然也會不同。

七、1962 年

　　民國五十一年（1962），霞海城隍祭典之前，市政府依舊上演「改善祭典，節約拜拜」的大戲，更另立名目來改善浪費情形。是年，大陸發生大飢荒，數十萬難民湧入香港和九龍。全國各屆發起募捐，協助難民在香港的生活。於是，要求把霞海城隍祭典省下來的款項移作救濟大陸逃港難胞及國防特捐之用。

　　在霞海城隍誕辰來臨之前，臺北市政府在舉行祭典的二十多天前，即五月二十三日下午，邀集市議會、國民黨市黨部、警察局、教育局、財政局等單位，以及有關的建成、延平、大同區公所、警察第一、八、九分局，及地方士紳多人舉行一次座談會。會中決議七點如下：〔註60〕

　　（一）有關各區在本次祭典，一週前邀請鄰里長及地方人士，挨戶宣傳厲行節約，並以身作則，不赴宴，不請客。

　　（二）祭品盡量使用青果、香茶、鮮花。廟內供品以豬羊各一頭爲限，信徒均不得以全豬羊作爲祭品。

　　（三）本次祭典如往年以不邀宴、不赴宴爲原則。

　　（四）祭典日演戲，以當天一日爲限。

　　（五）節約費用請移作救濟香港難胞及國防特捐之用。

　　（六）嚴格取締神棍藉機歛財及寺廟管理人員違法取財。

　　（七）如須遊行，應依法向警備總部申請核准。

　　在這次會談中，提到由鄰里長和地方人士挨家挨戶的去宣導，厲行節約，是落實政策的重要步驟。幾年後，市政府強化這個構想，眞的把宴客風氣壓制下去。

　　同樣有交通管制，時間和範圍跟前兩年一致。只是公共汽車並沒有因廟

〔註60〕〈拜拜不浪費　節約救難胞　北市有關人士開會決定　霞海城隍誕辰不得舖張〉，《聯合報》第 2 版，民國五十一年（1962）五月二十四日。

會而停駛或改道。

這一年的祭典日，由於天公不作美，陰雨綿綿，參加遊行繞境的陣頭大爲減少。同時，這一年發生大批大陸同胞逃往香港的事件，於是「統一拜拜委員會」呼籲國人踴躍捐款，作爲香港難胞救濟之用。國人一時善心大作，捐款甚多。報導云：

> 昨（十四）日爲霞海城隍生日，本市大同、建成、延平三區舉行拜拜，因天公不作美，自午至夜雨未停止，龍陣獅陣的民間遊藝出動甚少，加上統一拜拜委員會勸導大家節約救濟大陸逃港難胞，所以盛況不如往年，全豬全羊的祭祀品已不復再見。家家户户雖仍擺設筵席款待賓客，但也不及往年鋪張的情況。很多接受了政府的勸導，將拜拜節省下的錢，捐給統一拜拜委員會設置的獻金箱中，作爲救濟大陸逃港難胞之用。〔註 61〕

八、1963 年

民國五十二年（1963），市府秘書長潘敦義更下令市政府所有的員工不可以參加霞海城隍祭典的宴飲活動〔註 62〕。代理市長周百練也發表呼籲，懇切希望市民做到以下三件事〔註 63〕：

（一）祭典應以鮮花果品爲祭品，保持衛生促進健康。

（二）祭典不要宴客，不作鋪張，養成節約儲蓄的習慣，促進家庭經濟之寬裕。

（三）改善祭典時大吃大喝不良習慣，請將節省的金錢從事鄰里公益及救濟貧民。

又有好事者組成「中華民俗改進協會」，幫腔作勢，召集各有關單位開會，獨獨缺少大稻埕人士代表，以致所得的結論荒腔走板。這項報導如下：〔註 64〕

〔註 61〕〈天不作美　雨打城隍〉，《聯合報》第 3 版，民國五十一年（1962）六月十五日。

〔註 62〕〈市府令所屬　不要吃拜拜〉，《聯合報》第 3 版，民國五十二年（1963）六月三十日。

〔註 63〕〈市府呼籲　節約浪費〉，《聯合報》第 3 版，民國五十二年（1963）七月三日。

〔註 64〕〈紀念霞海城隍誕辰　不必浪費鋪張　民俗改進協會籲請節約　捐款勞軍倡辦公益事業〉，《聯合報》第 2 版，民國五十二年（1963）六月二十八日。

於昨日下午舉行「改善民俗座談會」，由該會理事長楊仲佐主持，與會者有內政部、行政院新聞局、中央五組、省民政廳、臺北市府等各界代表九十多人。楊在致詞中稱：北市城隍誕辰即屆，往年浪費甚多，而改善民俗，以轉移社會奢侈風氣，極應節省浪費，將節餘的財力轉為創辦慈善公益事業，及勞軍、敬軍等活動。座談會中發言者甚為踴躍，最後獲得結論如下：（一）紀念霞海城隍誕辰應注重其忠義保國的精神及功績，（二）紀念城隍應莫忘現在的城隍——海陸空軍將士，（三）勸導親友實行節約，不可浪費，節餘費用捐獻前方將士或捐辦公益事業，（四）改良民俗擴大好人好事運動。

一樣的交通管制。公共汽車有十一條路線改變或縮短行駛路線。增加 42 路線和大業中興公司的永和至故宮博物院路線。

這一年，主辦祭典的東雲閣酒家老闆鄭兩家與參加繞境的陣頭「靈安社」之間發生嚴重的衝突。靈安社拂袖而去，沒有參加繞境。使得原本已是不堪負荷壓力的祭典活動，蒙受更大的陰影。事情是這樣的：

被臺北市延平、建成、大同三區數十萬居民視為盛事的霞海城隍大拜拜，昨天發生一件使「人神不安」的事情。參加迎神賽會的執事，因爐主鄭兩家違反規定，把他開設的東雲閣酒家名字，印在抬城隍轎子十六人所穿的衣服上作宣傳，而紛紛拒絕參加迎神遊行。以致「城隍老爺」的「侍從」——左丞右相，文武判官，謝范兩將軍都沒有參加，「城隍老爺」孤零零的被抬到街上遊行「巡視」，左右沒有諸神簇擁「伴駕」，使遊行大為遜色。

按照霞海城隍大拜拜一向的慣例，在迎神遊行中，除了城隍爺被十六個人分兩班抬出街上遊行外，另有丞相與判官，將軍相伴。丞相、判官、將軍是由本市有名的軒樂社團靈安社的執事擔任。他們負上丞相，判官，將軍的高大塑像，伴在遊行的城隍爺左右前後遊行。可是今年因彼此意見不合，靈安社的執事拒絕參加，城隍老爺也祇有單獨擺駕出來，接受參加拜拜的民眾瞻仰了。

造成這件不愉快事件而使遊行減色的原因，純由今年城隍拜拜的值年爐主鄭兩家所引起。據曾經在中間調解的王成章氏說：爐主鄭兩家，是東雲閣酒家的老板，他為拜拜的籌備工作確實費了一番心力，

　　而且花了很多的錢。但是他在籌備工作開始時，便計劃給抬城隍爺
轎子的十六個轎夫穿上一件寫著「癸卯年東雲閣」幾個字的衣服，
把過去「稻江霞海城隍」的字樣去掉。當時即被靈安社及若干參與
其事的人反對，大家弄得很僵。當時王成章曾出面調解，希望鄭兩
家不要這這樣做，還是用原來的「稻江霞海城隍」的字樣好。因為
東雲閣是一個酒家，把一個酒家的名字，刻在神聖的衣服上，再去
抬城隍爺的轎，褻瀆了神明，影響參加迎神的民眾情緒，這樣會弄
得「人神都不安」的。

　　王成章說：他的調解，未為鄭兩家所採納。昨天在遊行中，鄭兩家
臨時請了十六個抬轎的轎夫，每人的衣服上赫然印著「癸卯東雲閣」
的字樣。因此引起很多迎神的人不滿，紛紛退出。尤其是一向迎神
最主要的社團——靈安社的執事，都不願出來，以致裝扮丞相、判
官、將軍的人選沒有（因為裝扮諸神像的人選是經過訓練的）。昨
天城隍老爺的轎子四週沒有大搖大擺，威風凜凜的諸神陪伴，不但
城隍老爺寂寞，參入遊行的民眾也就意興闌珊了。〔註65〕

第二天，爐主鄭兩家也提出兩點說明：〔註66〕

　　（一）本年城隍出巡，靈安社的丞相、判官、范謝兩將軍，因持有
　　　　　成見，沒有參加，其他社團均曾參加。

　　（二）搗抬城隍神轎的員工均係東雲閣的人。他們的號衣印有「稻
　　　　　江霞海城隍力士」字樣，他為了區別，其他社均穿各該社的
　　　　　內衫，東雲閣的員工所穿內衫上則印有「癸卯年爐主東雲閣」
　　　　　字樣。

　　這種內部的爭執對於祭典的殺傷力遠大於臺北市政府的「改善祭典，節
約拜拜」政策，促成霞海城隍祭典日益沒落。報上稱這一年的霞海城隍祭典，
由於城隍老爺的轎子四週沒有大搖大擺，威風凜凜的諸神陪伴，不但城隍老
爺寂寞，參入遊行的民眾也就意興闌珊了。〔註67〕。

　　霞海城隍祭典的發光發熱是因為在 1920、1930 年代遊行隊伍與商業廣告

〔註65〕〈城隍老爺出巡　那來這多酒神　丞相判官不隨駕　轎夫遙指杏花村〉，《聯
　　　　合報》第 3 版，民國五十二年（1963）七月四日。

〔註66〕〈城隍出巡糾紛　爐主鄭兩家　昨有說明〉，《聯合報》第 3 版，民國五十二
　　　　年（1963）七月四日。

〔註67〕同註66。

的結合。可是這個文化創意活動到了民國四十年（1951）以後，不復出現。
當東雲閣老闆當爐主時，想要稍稍恢復這個文化創意活動，卻遭到陣頭軒社
的一致反對。

九、1964 年

　　這一年聯合報上只有一則有關交通管制和公路局班車更改路線的報導。
沒有其他任何有關霞海城隍祭典相關的報導。這一年的交通管制說明得相當
詳細：〔註68〕

　　　明（廿二）為農曆五月十三日，是霞海城隍誕辰，本市延平、建成、
　　大同三區，舉行統一拜拜，並繞境遊行。北市警局為維持該地區良
　　好交通秩序，決定實施臨時交通管制，管制時間自上午十一時起至
　　晚上十二時止。市警局昨（廿）日公佈管制事項如次：

　　（一）臺北橋及本市民權路自重慶北路口以西，改為甲種車輛由東
　　　　　向西單行道。乙種車輛除自行車外，一律禁止通行。

　　（二）北門口鐵路局前、西寧北路、鄭州路八三巷，自中正路口
　　　　　起，甲乙種車輛除自行車外，禁止向北行駛。

　　（三）延平北路、蘭州街、重慶北路，自民權路口起，自行車以外
　　　　　甲乙種車輛，禁止向南行駛。

　　（四）華陰街、長安西路、民生路、錦西街，自中山北路口起，南
　　　　　京西路自平交道起，甲種車輛不准向西行駛；乙種車輛除自
　　　　　行車外，自平交道開始管制。

　　（五）管制區內三輪車，在管制時間內，只准外出，不准進入。班
　　　　　組三輪車自下午一時至八時，一律停止活動。

　　（六）管制區內自用車輛請停放適當處所，以免妨礙交通。

　　同一則報導中，沒有提到臺北市公共汽車是否改道，只是提到公路局為
配合臺北市延平地區統一祭典的交通管制，決定在明（廿二）日上午十一時
起至下午十一時止，將部份班車路線調整如後：〔註69〕

〔註68〕〈延平等區明拜拜　實施臨時交通管制　部份公路車改道〉，《聯合報》第 3
　　　版，民國五十三年（1964）六月二十一日。
〔註69〕〈延平等區明拜拜　實施臨時交通管制　部份公路車改道〉，《聯合報》第 3
　　　版，民國五十三年（1964）六月二十一日。

（一）臺北往頭份、新竹、中壢、桃園、泰山、林口及經樹林往三峽等線班車，改經中興大橋行駛，不經過延平北路臺北橋。

（二）新莊近郊班車由新莊經中興大橋至北門即折返新莊，不經臺北橋行駛。

（三）蘆洲板橋近郊班車：由蘆洲至八德里、菜寮、中興大橋、康定路至板橋，不經過臺北橋及延平北路。

十、1965 年

一月三日蔣經國出任國防部長。中央政府的權力核心逐漸轉移到蔣部長的手上。從這一年起，對霞海城隍祭典的改革，就不再是官樣文章，而是開始認眞的執行，強度也是一年比一年強。大稻埕的大拜拜活動終至在民國六十四年（1975）完全停止。

由於政治強人上臺，這一年臺北市對待霞海城隍祭典的態度就完全不一樣了。在祭典來臨之前，臺北市長高玉樹、臺北市議會議長張祥傳、國民黨臺北市黨部主委梁永章聯合出面，邀請民間的代表及延平、大同和建成三區的區長和警察分局的人員商談，會中決定節約的辦法五點：〔註70〕

（一）祭典求其簡單，避免牲祭，而代以鮮花素果。

（二）遊行陣頭人數儘量減少，外縣市陣頭謝絕參加。

（三）禁止廠商宣傳車參加遊行隊藉機宣傳。

（四）經費不得向住戶勸募儘量節省，節餘下之經費全部捐獻爲勞軍或社會公益之用。

（五）由市府勸導各住戶舉行祭典時儘量節約勿舖張浪費。

其中的第三項決議是針對前年東雲閣與靈安社的爭執而發。從此，霞海城隍祭典的迎神繞境活動，與商業廣告脫勾，只剩下神將和八家將了。

公共汽車有十二條路線改道或停駛。沉寂已久的鐵路交通在這一年也加開了加班車：〔註71〕

鐵路局爲配合今（十二）日本市延平區大拜拜，臺北基隆、臺北中

〔註70〕〈拜城隍　省點錢　有關單位座談〉，《聯合報》第 3 版，民國五十四年（1965）五月二十六日。

〔註71〕〈今日城隍誕　三區大拜拜　下午實施交通管制　北區鐵路加開列車〉，《聯合報》第 3 版，民國五十四年（1965）六月十二日。

壢間加開臨時旅客列車一次往返。

加開列車的時間是：一〇五〇次臺北十九點十分開往基隆，一〇五一次基隆二十點廿五分開往臺北，一〇五二次中壢廿二點四十分開往臺北，一〇五三次臺北廿一點十五分開往中壢。

另臺北基隆間三〇六八次、三二二次，臺北新竹間三一一七次、三一二六次柴油車改用普通客車行駛，以增加旅客容量。

這一年的霞海城隍誕辰之日，大雨滂沱，雖然前去吃拜拜的人潮依舊，可是人數少了很多。市府官員表示這是近年來最冷清的一次。市府發佈新聞說：這是受了「大力勸導節約及天候的影響」，統一祭典委員會將把節省的錢，捐獻為勞軍之用。〔註72〕

十一、1966 年

經過幾年努力宣導，大稻埕霞海城隍祭典的大拜拜熱鬧情形似乎慢慢的淡化下來。也許是報社刻意遵照政府的指示，不再詳細的報導相關事宜。這一年的報導先報導一件在廟會時的刺傷警察的事件，然後只是輕描淡寫的說：

> 據臺北市政府統計，延平、建成、大同三區約有三萬戶市民，昨（一）日舉行霞海城隍誕辰的大拜拜。市府說：昨天仍有邀宴赴宴的情形，但鋪張浪費的現象，已經減少。〔註73〕

這一年是蔣中正總統的八十歲生日。臺北市各界舉行盛大的花車遊行，綜觀報導，各地的軒社、藝閣精銳盡出，極一時之風光〔註74〕。顯然當政者完全清楚軒社、藝閣的真實用途。

十二、1967 年

這一年臺北市政府對待霞海城隍祭典的態度顯然比前些年強硬許多。先是由市政府召集各有關單位開了個會，會中有八點決議：〔註75〕

〔註72〕〈三區大拜　人潮洶湧〉，《聯合報》第 3 版，民國五十四年（1965）六月十三日。

〔註73〕〈祭菩薩・刺警察　大拜拜・火雜雜〉，《聯合報》第 3 版，民國五十五年（1966）七月二日。

〔註74〕〈允文允武　花團錦簇　民間百藝圖〉，《聯合報》第 13 版「聯合周刊」，民國五十五年（1966）十一月五日。

〔註75〕〈霞海城隍誕　今年戒鋪張　市府召集會議　與民約法八章〉，《聯合報》第 3

（一）由各區區長、民政課長、里長，分別會同警察分局派出所訂於祭
　　　典日成立區里小組，分赴轄區內糾察浪費攤派。

（二）嚴格取締神棍藉機歛財及寺廟違法募捐祭典費用。

（三）祭典日演戲，應以當天一日為限，由教育局從嚴審核。

（四）祭典日民間遊行應向警備總部申請許可，遊行人數盡量減少，路
　　　線儘量縮。

（五）外縣市陣頭應拒絕參加遊行隊伍。

（六）禁止廠商宣傳車參加遊行，由各分局嚴格執行。

（七）遊行隊伍中，不得有裝扮之鬼怪，以免助長迷信。

（八）遊行中不得有違反人道或有違背善良風氣之表演。

　　從這八項決議來看，完全切斷迎神繞境活動與商業廣告的關聯。而且把
迎神繞境的申請層級提升到警備總部，儘量壓制活動的人數。第八點沒有明
指是什麼。當時脫衣舞開始流行，已經出現在中南部的迎神遊行隊伍中。為
了防犯這種「有礙觀瞻」的不良風氣，而有這種決議。

　　同時，臺北市政府呼籲以鮮花素果代替牲畜，也發布一封給全體市民的
信。在信中，希望市民不請客，不浪費，養成儲蓄習慣，充裕家庭經濟並將
拜拜節省下來的金錢用於子女教育，家庭建設或社會慈善事業。〔註76〕

　　這一年又把屠宰毛豬數量搬了出來，作為「浪費」的佐證。《經濟日報》
載：為了這次拜拜，據屠宰公會估計：總共屠宰了二千頭以上的毛豬，每頭
若按一百臺斤實肉計算，這兩天延平、建成、大同等區總共消售豬肉達二十
萬臺斤。再按每臺斤十七元平均計算，可知今年延平等區拜拜，購買豬肉一
項即花去他們將近四百萬元。〔註77〕

　　至於祭典當天的情形，報導中說：

　　　昨（二十）日是農曆五月十三日臺北霞海城隍的誕辰日，本市延平
　　　區大同、建成兩區的部份居民約二萬戶，均循例舉行祭典。來自各
　　　地的吃拜拜客人在昨天下午二時以後，就擁入這三個區。據估計：
　　　這些客人起碼吃了三萬席酒菜，約合新臺幣一千五百萬元左右。

　　　版，民國五十六年（1967）六月六日。

〔註76〕〈霞海城隍誕辰　花果權代牲畜　市府籲請大家節約〉，《聯合報》第3版，
　　　民國五十六年（1967）六月十七日。

〔註77〕〈供應三個區拜拜　今宰豬千頭〉，《經濟日報》第3版「市況」，民國五十六
　　　年（1967）六月二十日。

儘管昨天的拜拜場面仍很熱鬧，但是和過去那種鋪張請客的盛況，已顯見有了改進，這應該是政府多年來勸導節約的政策已發生了效果。〔註78〕

十三、1968 年

民國五十七年（1968）五月十四日上午九時，延平區的「改善民俗實踐會」在延平區公所的三樓會議室舉行，全體與會的里長一致響應政府節約號召，決定在農曆五月十三日霞海城隍生日拜拜時，不請客，不赴宴，並將祭典節約經費改作地方福利事業〔註79〕。

同一天，內政部發「代電」給臺北市政府，說是：

臺北市霞海城隍誕辰，即將屆臨，民間祭典本未可厚非，惟循以往慣例則有數區聯合舉辦大規模迎神賽會遊行，住戶亦多宴客拜拜，競爭鋪張，不僅浪費甚鉅，且亦影響交通秩序，應予改善，以維持社會風氣。

為遵照總統指示，提倡拜拜節約的旨意，與行政院頒行改進婚喪祭典禮俗要點，敬神祭祖應以誠敬為主，祭品應用清香茶果、鮮花，祭典日應停止結隊迎神遊行。〔註80〕

臺北市政府在接獲中央的命令之後，立即於十五日下令延平、建成、大同三個區公所，對農曆五月十三日的霞海城隍誕辰祭典，應勸止民眾結隊迎神，并勵行拜拜節約。並將召集該地區祭典主持人研商，並分函各有關機關協調辦理。由於有了中央的訓令，臺北市政府在秘書長余鐘驥的率領下，大力「勸導」三區的民眾要確實做到「不鋪張、不浪費、不拜拜、不宴客」的要求。

隨後，三區的區長聯合發表聲明，強力勸導三區的民眾要切實執行節約拜拜，報載：

臺北市延平區長陳榮華、建成區於吳振祥及大同區長黃聯富，共同呼籲三區市民，在臺北霞海城隍誕辰的拜拜時，儘量節約。

〔註78〕 〈霞海城隍誕　吃掉千餘萬〉，《聯合報》第 3 版，民國五十六年（1967）六月二十一日。

〔註79〕 〈臺北市延平區　霞海城隍生日　不請客不赴宴〉，《經濟日報》第 5 版〈綜合〉，民國五十七年（1968）五月十四日。

〔註80〕 〈霞海城隍祭典　市府勸導勵行節約〉，《聯合報》第 4 版，民國五十七年（1968）五月十六日。

他們在一項書面談話中指出，農曆五月十三日（六月八日），是臺
北霞海城隍的誕辰，屆時延平、建成、大同三區市民可能大事張羅，
往往藉酬神祭祖之名大排筵席，宴請親友，炫耀富有，競相奢侈，
糜費鋪張，弊端叢生，不僅耗費了國家的生產資本，同時侵蝕了個
人的經濟力量。

他們希望大家共同遵約不請客、不赴宴、不參加拜拜遊行，不為拜
拜捐募，並檢舉神棍藉機斂財，更進一步將拜拜節約的金錢，用於
地方建設，或改善家庭生活，或留供子女教育基金。他們解釋說：
政府推行改善民俗的動機，是為全民利益著想，雖然祀神祭祖是人
民的自由，但殺生宴客鋪張、浪費，根本就違反了拜拜的宗旨。

他們呼籲大家在霞海城隍生日時，都能用鮮果作為祭品，以真誠純
潔之心來祈禱平安，戒除殺生與狂飲暴食。〔註81〕

在歷年的報導中，從來沒有出現這麼強烈措詞的報導，也從來沒有看到
延平、建成、大同三區的區長有這麼大的魄力敢講這麼大聲，顯然是受到來
自上面的強大壓力。

五月三十一日，臺北市政府更是宣布：

農曆五月十三日（即六月八日）霞海城隍祭典時，建成、延平、大
同三區及中山區廿多里的交通要道，加派警力檢查行人身分證，如
有公務員前往赴宴者，統予登記姓名，俾列冊分送其服務機關，依
章處理。同時市府也將派警員挨戶抽查，如有大排宴席者將予記錄，
作為以後樂捐及課稅的依據。〔註82〕

六月八日是霞海城隍祭典之日，傍晚時，市府秘書長余鐘驥、民政局長
柯臺山及各督導委員，分別前往延平、大同、建成三區，巡視各區內的拜拜
宴客情形，還將拜訪住在這三個區內的議員、里長及有名望人士，對他們倡
導和支持節約的熱忱，登門表示謝意。〔註83〕

這三個區內的里長、里幹事、管區警員、後備軍人輔導小組長及婦女會

〔註81〕〈霞海城隍祭典　三區長呼籲不宴客不遊行〉，《聯合報》第 4 版，民國五十
　　　　七年（1968）五月十八日。
〔註82〕〈公務員吃拜拜統予記名　霞海城隍祭典大張宴席　將予紀錄作為課稅資
　　　　料〉，《聯合報》第 4 版，民國六十七年（1968）六月一日。
〔註83〕〈今霞海城隍誕　積極勸導節約〉，《聯合報》第 4 版，民國五十七年（1968）
　　　　六月八日。

代表等組成的小組，亦將在是日下午五時十五分起，分赴每一住戶進行勸導工作，并將勸導工作情形，提供主管單位參考〔註84〕。

由於市政府的強力干預，這一年前來吃拜拜的人潮，比起前一年來，估計少了七成，市面顯得冷冷清清。民政局估計節省新臺幣六千萬元以上的開支〔註85〕。由於人潮減少了，每年一定實施的交通管制和公共汽車改道，也就不需要了。

在《經濟日報》上，對於當天的市場狀況做了這樣的報導：〔註86〕

> 昨日為臺北市霞海城隍的誕辰，延平區、建成區及大同區（一部份）的居民，都照例舉行拜拜。惟經政府當局的努力勸告節約，及明令禁止公教人員的赴宴，所以沒有往年那樣的熱鬧，不過有些居民，都提前或延後或易地請客。
>
> 昨日上午的菜市場，仍甚擁擠，魚、肉、蔬菜的生意興旺，雖供應豐裕，如毛豬屠宰頭數，計達二千一百十九頭。蔬菜到場數量共為十八萬零六百九十公斤。但由於攤販的乘機哄抬，其零售價格較平時稍漲。活母雞每臺斤為三八元，約升二至二元；豬肉後腿肉每臺斤做二七元，三層肉售二〇元，微漲一元。赤鯮魚每臺斤做三〇元，加納魚做二四元，鯧魚一八元，砂蝦二〇元，較前約漲三至五元。蔬菜售價煙臺白菜每臺斤賣四元，芹菜做三元五角，韭菜花做四元，各揚五角，茄子做四元五角，升一元五角，蘿蔔售二元五角，漲三角，綠竹筍做一二元，升二元。

這則報導點出了大稻埕民眾的對應方法，那就是把宴客的時間提前一天，或是在餐館裡舉行。這種對應方式大大的改變了大稻埕的大拜拜形式，也為往後的拜拜宴客提供新的模式。

報上更刊出有那些善心人士把節省下來的錢捐給區公所，作為社會慈善救濟之用：

> 臺北市建成區長吳振祥，昨（八）日收到該區區民響應節約拜拜所

〔註84〕　〈霞海城隍誕辰祭典　市府再籲市民　不要鋪張浪費〉，《聯合報》第 4 版，民國五十七年（1968）六月八日。

〔註85〕　〈霞海城隍誕辰拜拜　比去年節約七成多　建成區民捐獻節約所得〉，《聯合報》第 4 版，民國五十七年（1968）六月九日。

〔註86〕　〈霞海城隍誕　宰豬二千頭　菜場擁護　魚肉暢銷　價格稍漲〉，《經濟日報》第 6 版，民國五十七年（1968）六月九日。

節省的一萬六千元捐款，將作爲慈善事業之用。

捐獻這筆款者，包括李黃紅哞、中央戲院蔡阿士、龍園飯店沈送來、金城旅社張和尚、八仙旅社、信州飯店郭隨、劉介富、李開忠、康海賜、李揚波、張添福、蔡萬金、甘南清等十三人。

吳區長表示，將在近期內，將此捐款悉數轉送該區民眾服務分社，充作濟助貧困市民的專案基金。

臺北市建成區建仁里的里民，將昨（八）日霞海城隍誕辰祭典所節約的三萬餘元，存入第六信用合作社活期存款第七三〇三號專戶，充作推行里鄰互助合作及自治建設、公益事業之用。

建仁里爲臨接長安西路、太原路及建成市場旁的典型商業區，已往每年農曆五月十三日城隍誕辰，里內商店、住戶都酬神宴客，耗費甚大。但今年該里全體鄰長及熱心人士勵行節約，並決議以今年城隍祭拜節約成果，充作推行里內互助合作的首批資金。

經建仁里里長劉河海四出奔走，已募得節約款新臺幣三萬零六百元，其中包括李開忠、金城旅社張和尚、蔡日新、味覺食堂、皇后旅社、劉河海等各捐二千元，林文卿、陳勇、杜成華、張林碧玉、東南貿易公司邱興財、吳炳生、建成紙行、臺中紡織公司等各一千元；洪金喜、明大有限公司、林碧雲、張綿、李清方等各五百元，及其他熱心人士數十人。

建成區公所昨日對建仁里的創舉，表示將報請市府備查，並對熱心人士從優獎勵，俾使其里鄰互助合作能夠順利展開。〔註87〕

臺北市建成區民間熱心人士多人，昨天將霞海城隍祭典節約拜拜所得一萬六千元送區公所，作爲慈善事業之用。

這些捐獻拜拜節約款項的人士包括：李黃紅昨女士，中央戲院蔡阿士，龍園大飯店沈送來，金城大旅社張和尚，八仙大旅社，信州大飯店郭隨女士，劉介富，李開忠，康海賜，李揚波，張添福，蔡萬金，甘南清，盧莊合等各一千元，以及王吳金草二千元，合計共一萬六千元。

〔註87〕〈霞海城隍誕辰拜拜　比去年節約七成多　建成區民捐獻節約所得〉，《聯合報》第4版，民國五十七年（1968）六月九日。

另外建成區光進、光興、光智等三里的里民，也正自動捐獻節約拜
拜的款項，作爲配合市府推行社區發展，改善居住環境的建設經費，
他們已在華南銀行建成分行開設戶頭〔註88〕。

七月五日，內政部長徐慶鐘對臺北市五十七年（1968）度推行改善民間祭
典工作的成效，深表滿意。他認爲只要中央和地方努力合作，將消極的管理配
合積極的輔導去做，一定能達到預定的目標。尤以霞海城隍誕辰祭典的勸導收
效，至表欣慰。他相信今後大家繼續努力合作，一定會獲得成功。〔註89〕同時
把矛頭指向中元普渡，也要求市政府比照辦理，約束各廟，不得舖張浪費。

從民國四十年（1951）起，經過十七年的宣導，終在民國五十七年（1968）
完成，霞海城隍祭典時，幾十萬人同時湧入大稻埕彈丸之地「吃拜拜」的熱
鬧景象，因此解消。民眾只得另謀對策。那就是更改宴客的方式、或時間，
或停辦、或改爲外出郊遊。在往後數年中，這些對應的辦法一一出現。

在民國五十八年（1969）時，爲了保持宣導的成效，市政府決定在霞海城
隍祭典期間，不增加蔬菜魚肉的供應量。市府說：採取這項措施是爲了逐步改
善及倡導民間節約。這項規定將由建設局通知各有關市場遵照辦理。〔註90〕

民國五十九年（1970）時，臺北市政府又統一各區奉祀同一個神明的各
廟的祭祀日期。市府表示，本市民間供奉同一主神祭典日期多不一致，有違
節約原則，經依照「改善民間祭典節約辦法」第三條之規定，將同一主神祭
典日期統一，並函請內政部核備在案。臺北市民間同一主神祭典統一日期如
下：保儀大夫，農曆正月十五日；保儀尊王，農曆十月十五日；媽祖（天上
聖母），農曆三月廿三日；霞海城隍，農曆五月十三日；保生大帝，農曆三
月十五日；三官大帝，農曆十月十五日；靈安尊王，農曆十月廿二日。

第七節　輿論的推波助瀾

這種熱鬧的拜拜景像自然引來那些所謂「知識份子」的批評。長年在《聯
合報》上寫「玻璃墊上」方塊文章的何凡，當然不會錯過這種可以發表批評

〔註88〕〈臺北市民　省下拜拜費用　興辦公益事業〉，《經濟日報》第 6 版，民國五
　　　　十七年（1968）六月九日。
〔註89〕〈中元普渡　宣導節約　統一舉行　祭品一律用鮮花素果〉，《聯合報》第 4
　　　　版，民國六十七年（1968）七月六日。
〔註90〕〈霞海城隍祭典　臺北市府宣佈　不增供魚肉量〉，經濟日報第 8 版，民國五
　　　　十八年（1969）六月六日。

意見的機會。他的言論其實代表民國以來受過洋墨水教育者的基本觀點。

何凡，本名夏承楹，江蘇江寧人。1910 年出生於北京。北平師範大學外語系畢業。曾任北平《世界日報》、《華北日報》、《北平日報》編輯；來臺後，曾任臺灣省國語推行委員會專門委員會委員，《國語日報》總編輯、總主筆、董事、副社長、社長、發行人及常務董事，《文星》雜誌主編，《聯合報》主筆。1953 年起至 1984 年，以「何凡」筆名在《聯合報》副刊撰寫「玻璃墊上」專欄，主要以「社會動態、身邊瑣事、讀書雜感、新知趣事」為題材，記載著臺灣三十多年來的發展與變遷。梁容若稱其散文「把握著言者無罪、聞者足戒的現代分際」，又「有見解、有根據、有情趣、有作用，雅俗共賞、長短咸宜的獨特雜文風格」。

以下選擇兩篇他的文章。有理沒理，端看是站在那個立場和角度來看霞海城隍大拜拜這件事。在民國四十三年（1954）的霞海城隍祭典時，何凡批評的重點是在「杜絕浪費」。他以「拜拜與面子」為標題：

> 十三日是所謂霞海城隍祭典，占了半個臺北的大稻埕區，有一番緊張熱烈的大拜拜。本省家庭在幾天以前就開始準備，搶購雞鴨肉菜，似乎要把一年半載的飯歸併在一天吃掉。許多菜販把菜控制著，留下趕熱鬧，賣大行市，於是各種食物普漲二成。外省主婦大感頭疼。祗是魚有「原子」嫌疑，價賤而無人問津。大概城隍雖靈，仍無破輻射毒素的法力也。

> 許多有本省朋友的人，這幾天都受到邀請。但是如果抱著「開葷」的心思去，往往不能如願。因為主人是以敬神、謝神為主要目的，城隍爺的嘴並不刁，人才講求烹調技術，尤其是外省人。那些肥雞大鴨胡亂的蒸蒸煮煮的端上來，白水實張，許多平日難得打牙祭的人看了，真覺得心疼呢！

> 拜拜事屬迷信，這有臺北市長的公告為證。高玉樹市長在城隍爺的生日前幾天大登公告，說「此種迷信舉動，消耗人力，浪費金錢，頗堪惋惜，尤其一般貧困市民更感痛苦。」從前有人諷刺嗜賭的人是「省吃儉用下大注」，本省同胞的拜拜情形也差不多，不過下的不是大賭注，而是「拜拜注」。為了一次拜拜，貧困的住戶要長期儲蓄或東挪西借，結果一天吃掉。請來客人又收不到禮，飯食還不能令人滿意。事後又要長期負債，長期束緊褲腰帶，這種舉動真是

無意義，如此的浪費人力物力，還不值得惋惜嗎？

其實拜拜純係個人行動，不拜或小拜並沒有人干涉。談到信仰，心裏有神就行了，何必非擺三桌五席。祇是因爲鋪張慣了，大家互相比賽，局面就收縮不下來，而成爲一種無謂的「面子問題」。外省人何嘗不是如此，有許多人互相操持各項慶典，每份百元，拿錢的時候互不示弱，其實是「打腫臉充胖子」，受害的是整個家庭經濟。爲什麼不節約一點兒呢？拉不下「面子」來呀！所以市府要想勸市民不浪費，光登公告勸人「破除迷信，勵行節約」還不夠，得想出實際的辦法，並切實監督實行。當局以往規定「統一拜拜」的辦法，已受到省民的擁護。再想出不丟面子的進一步節約辦法，一定也行得通的。〔註91〕

這種觀點是民國以來批評民間信仰常用的藉口，不要爲了面子，而損耗大量的家財。把宗教儀式的功能和象徵意義放在一旁，只看在現實生活層面，因此才有這樣的言論。

在同年六月二十日發表「罪人坐車」，就對臺灣民俗中的神明有些誤解。把民眾戴紙枷的贖罪行爲看成迷信可笑。這種言論在日據末期曾經出現過，臺灣一些受過現代化教育的人，組成〈維新會〉，在祭典舉行時，沿路發放傳單，抗議「戴紙枷」的行爲有辱人權〔註92〕。何凡沿用舊有的觀點，諷之爲「蘇三起解」的罪人，更把七爺、八爺也比做罪人。

本月十三日的大「拜拜」，我曾躬與其盛。延平北路，人如潮湧，家家扶得醉人歸。有些霞海城隍的好朋友微醺而出，堅拒護送。但是在亭仔腳下經晚風一吹，酒湧上來，一路東倒西歪，走向馬路中心而去。這種人經行人送交警察暫管，比祈禱「菩薩保佑」還安全可靠。

高雄讀者周敬堂先生來信說，十三日這天他經過七賢三路，正趕上

〔註91〕 民國43年6月15日《聯合報》第6版「聯合副刊」，〈藝文天地〉的「玻璃墊上」。

〔註92〕 昭和五年（1930）6月11日《臺灣日日新報》第10831號，〈臺北維新會反對掛枷　虐用少女粧閣〉：「臺北維新會本年對舊歷五月十三日臺北迎城隍特有之掛紙枷、粧八將、虐用少女粧藝閣等，極力反對宣傳。自舊十日起，至十三日，頒布宣傳單與市民，及外來香客。去十二日夜開會，『反對迎城隍粧藝閣』、『打倒掛紙枷粧八將』講演會云。

「迎城隍」，長蛇陣擺開，交通斷絕。前面「搖搖擺擺著地而行」
的是七爺八爺城隍爺，後面有上千輛的三輪車，上面坐了善男信女，
有的捧香，有的扮成「罪人」，頸上帶枷，似離了洪同縣的蘇三，
周君對信徒自己坐車叫菩薩走路的作風表示抗議，並問「玻璃墊上
何以解之」。

按鄙人與七爺八爺素少交往，親友裡也沒有如上述的「逍遙法外」
的「罪人」，因此對這個問題實在不夠資格解答。恰好手頭有一部日
人梶原通好著的「臺灣農民生活考」裡，認識城隍爺的部下，有「謝
將軍」「范將軍」兩位，職司檢舉及押送惡人，這就是七爺八爺。現
在「罪人」們自己坐三輪車後隨，叫押送他們的人反而在前面「量
馬路」，確是一種「反客爲主」的行爲。我問過老一輩的本省人，他
們慨嘆說：『從前不是這個樣子。』言外之意，是現在的信徒比從前
會享福。

在臺灣，我們時常可以看到一些迷信的事是另具一格的。我看見若
干次七爺八爺出巡，穿了軋別丁西褲、尼龍絲襪、美式皮鞋，其情
如女星反串四五花洞，裸腿高跟鞋上臺，這種「超時代」的作風，
引起街上行人大笑。此外如廟庵裡釋道並供、僧尼雜居，都是大陸
見不到的情形。

十八日本報五版有一條精采的新聞，說是礁溪的「關帝爺」被臺北
神棍接來，聚斂愚夫愚婦的錢，久假拒不歸還。原廟管廟人認爲此
係「妨礙營業」，提出侵佔廟產告訴。結果關帝爺變成「贓物」，
一分局成了臨時關帝廟，信士出入不絕。最後警察在土娼館裡把「關
帝爺」起出，正在「開診」的童乩則逃之夭夭。

所以「罪人」們坐三輪車押解城隍，亦無足責，反正這種事說不出
道理。卻是民政、警察、乃至衛生當局對於那些神棍們不可以輕易
放過，要給他們一些人的懲罰，叫那些迷信份子看看他們的佛法何
在。到了二十世紀六十年代，不能坐視人民再停留於義和團時代了。
〔註93〕

    在大拜拜最高峰的時候，另位寫報紙方塊評論文章的寒爵〔註94〕在《聯

〔註93〕民國43年（1954）6月20日《聯合報》第6版「聯合副刊藝文天地」。
〔註94〕寒爵，本名韓道誠。河北鹽山人。其他的筆名有「不了、牢罕、韓士奇、草

合報》的「黑白集」也撰文批評臺北市議會不開會、市政府不上班、議員帶頭遊行繞境的現象：

> 一般信男信女，只知民間習俗，不諳政府法令，尚屬情有可原。但奇怪的是：部份民意代表，一向自居為人民與政府之間的橋樑，竟出來領導人民，違背法令；進而以陽間的民意代表身份，替陰間的城隍老爺當差，儼然以「七爺」「八爺」為己任，寧非呫呫怪事！
>
> 議長先生忙於為城隍老爺服務，致使市議會主持無人，宣告休會。
>
> 城隍爺做壽，市議會放假；縱非陰盛陽衰，也是陰陽怪氣〔註95〕。

民國五十五年（1966）七月二日寒爵在《聯合報》的「黑白集」，也有類似的批判：

> 昨天是農曆五月十三日，依據民間的傳說，這天是霞海城隍菩薩的誕辰。臺北市人口稠密、商業鼎盛的延平、建成、大同三區，共計約有十五萬戶居民，平素最為信奉霞海城隍菩薩；所以每年此日，將要舉行一次大拜拜。多年來習以為常，已成為牢不可破的民俗。雖經政府一再以節約相勸導，但昨天的這場大拜拜，仍然是大事舖張，非常熱鬧。
>
> 一年一度的霞海城隍誕辰大拜拜，以最保守的估計，每戶平均最少要耗費一千元；按十五萬戶計算，共耗費總額將達一億五千萬元之鉅，但事實上，恐在此數的一倍左右。因此，一場大拜拜下來，這一筆費用實在大得可觀。
>
> 所謂拜拜，名義上是祭神，事實上是「打牙祭」，亦即祭人。然而，由於「人多無好食」，吃拜拜並沒有什麼好吃的，有此人甚至聚集在一起由勸酒而鬧酒，由鬧酒而酗酒，每每因為酒醉之後出言不遜，

野介士、李夢非、韓燼」等。山東省特別區區立法學院經濟系畢業。曾創辦《反攻》半月刊（1949 年 11 月～1991 年 12 月），任國立編譯館編纂兼人文社會組主任、中國文化大學中文系、東吳大學中文系、世新大學中文系兼任教授、《中國時報》主筆。寒爵是成名很早的專欄作家，他的雜文愛憎分明，筆鋒犀利，小說亦然。除寫雜文外，更致力於歷史研究，卓闢精微。八巨冊150 萬字的小說《儒林新傳》，刻畫現代知識分子鑽營名利的現象，乃寒爵沉潛十餘年的力作，情節可媲美《儒林外史》，亦莊亦諧，讀之令人拍案叫絕。寒爵以「望著前面的人，看著自己的路；不要把虛妄當做希望，希望才不會變成虛妄」自許。2009 年 10 月 12 日辭世。資料取自維基百科。
〔註95〕民國 48 年（1959）6 月 20 日《聯合報》第 3 版。

引起糾紛，發生打鬥，或是未能當心火燭，釀成火警，遭受災害。
則拜拜不僅未能納福，反而招禍；眞的何苦來哉？

很多人都覺得拜拜的過份鋪張，過份浪費，很不合適；但卻苦於無
力改變傳統，糾正習俗。在大拜拜之後，我們覺得這是一個有待研
究的民俗問題。

　　知識份子事實上就是一群常常自以爲是而說東說西的人。不管是日據時
代的維新會，或是民國時代的報社主筆，都是憑一己之見，來論斷民俗，其
實是不得要領的。眞正的智者在沒有眞正掌握住習俗現象的本質之前，是不
能妄加一辭，臧否論斷。

第八節　轉　型（1971～1980）

一、1971 年

　　蔣經國在民國五十八年（1969）六月，出任行政院副院長兼財經委員會
主委，更進一步的掌握實權。推動「改革不良社會習俗」的力量益加強大。

　　到了民國六十年，對霞海城隍祭典的限制更加強勢，不但不准增加蔬菜
魚肉的供應，取銷公共汽車的改道，更宣布由稅捐稽徵處派員拍照存證，凡
是宴客超過一定數量者，一律加徵筵席稅。臺北市政府成立專案小組〔註96〕，
由民政局長柯臺山主持，在小組會議中做以下幾項決議：〔註97〕

　　（一）霞海城隍祭典，嚴禁結隊遊行，對于外縣市迎神隊伍，一律
　　　　　禁入市區遊行。

　　（二）外臺戲演出以當日爲限，由教育局從嚴審核，事前未奉准者
　　　　　均予取締。

　　（三）嚴禁借機募款斂財，及以其他任何方式攤派，如有發現，將
　　　　　依法嚴懲，并獎勵市民檢舉。

　　（四）祭典區內菜市場不得增加魚肉供應，公車不得增加行車班
　　　　　次。

〔註96〕專案小組由中山、大同、建成、延平等四區區長各有關警察分局長，市府民
　　　　政局、社會局代表等組成。
〔註97〕〈勸導節約拜拜　市府成立專案小組〉，《聯合報》第 8 版，民國六十年（1971）
　　　　五月十四日。

（五）各區有關機關應組成糾察小組，各里應成立勸導小組，挨戶
　　　勸導實踐節約。

（六）函請市議會轉知市議員、市黨部轉飭黨員爲民表率，實踐祭
　　　典節約。

（七）發動市屬單位員工及人民團體會員，響應節約號召，勵行節
　　　約要求。

（八）嚴禁學生參加祭典遊行，並勸導學生家長響應祭典節約。

（九）各有關稅捐分處，如發現宴客符合課稅標準者，應依法課征
　　　筵席稅，各區公所應切實塡報家戶宴客紀錄，其有過分鋪張
　　　浪費者，應予攝影參辦。

（十）祭典區內各機關學校商號，應在重要街道或門前懸掛紅布宣
　　　傳標語，加強勸導節約。

在連續三年的強制節約下，臺北市布商業同業公會在第三屆第三次理事
會議中的決定，放棄宴客和大拜拜，布商公休一天，外出郊遊或登山。

該公會理事長丁賞宣布：在本省習俗中，每年農曆五月十三日爲霞海城
隍爺壽誕，依照以往的習慣，在這一天，一定殺豬殺雞地大排宴席，擺個幾
十桌請客，請熟顧客和店員大吃大喝一頓來慶祝。一場拜拜下來，要花上新
臺幣幾百萬元以上，不但浪費，也沒有什麼意思。政府近年來，力求商人能
以其他方式來代替，避免這種無謂的浪費。因此，在此次會議中決定，訂五
月十三日爲布匹批發商的公休日，一律放假一天。如果要對神表示敬意，可
以用鮮花、水果，在自家店門口，來祭祀一下，絕不大排酒席，勵行節約之
事。丁理事長說：「同時，也用郊遊、爬山等正當的休閒活動，讓終年辛勞
的店員們，有一個調劑身心的機會，比以前的大拜拜要有意義的多，希望各
會員一定要遵守這種規定。」〔註98〕

有三百多家布商響應布商公會的這項決議，從六月五日起，分組到阿里
山、日月潭旅遊。對於這個決定和行動，民政局是非常贊許的。報載：〔註99〕

臺北市民政局說：幾占全市布商半數以上的延平區內三百餘家批發
布商，昨（五）天分組遠赴阿里山、日月潭作一次集體的旅行。

〔註98〕〈五月十三大拜拜　布商公會新過法　員工放假一天　郊遊代替吃喝〉，《經
　　　濟日報》第9版，民民國六十年（1971）五月十三日。
〔註99〕〈柯臺山等一行　察看民間拜拜情形〉，《聯合報》第6版，民國六十年（1971）
　　　六月六日。

> 民政局説：他們舉辦這次旅行的目的，是爲響應政府節約拜拜的號
> 召，決定在霞海城隍的祭典日，遵守不請客、不赴宴、公休兩天的
> 約定。

這一年依舊有迎神遊行，約有一千三百多人參加。民政局對這種舉動大
爲不滿，認爲是故意挑釁。局長柯臺山表示：

> 今年迎神遊行的隊伍，共出動各種遊藝團體人員一千三百餘人，據
> 悉多由鄉下催來的，其赤足裸臂；孕婦幼童，不一而足，實在妨礙
> 市容觀瞻，市民對其亦無好感，今後當加強勸導，澈底改善。〔註100〕

稅捐處也派出大批稅務人員，到大稻埕霞海城隍祭典區域查看，看到宴
客合乎「舖張浪費而符合課稅標準者」，均予勸導，並依法課征筵席稅。這
項工作是採分區負責的調查方式辦理，對管區內的大型宴客行爲，都要登記，
並且拍照存證，以作課稅的依據。〔註101〕

二、1972年

五月二十九日，蔣經國出任行政院長。正式推行節約生活，宴客以「梅
花餐」爲主，婚禮宴客以五桌爲度。

這一年雷厲風行的整頓霞海城隍廟的大拜拜活動。民政局依舊負責指揮
全局。先是由中山、大同、建成、延平四區的區長和里長開會，宣示不舖張、
不浪費、不宴客、用鮮花素果代替牲醴。也通知四區內的各菜市場，在祭典
當天，不得增加魚肉類供應，公民營公共汽車不得因祭典而增加行車班次，
市屬各機關學校員工也不得宴客或赴宴，同時並希望市議員等民意代表能倡
導節約，不宴客赴宴。〔註102〕

今年衛生局也跳出來講話。衛生局長王耀東呼籲民眾，要注意飲食衛生，
尤其暴飲暴食容易引起各種消化器系的傳染疾病，希望市民都儘量做到不請
客，不赴宴的要求。〔註103〕清潔處也呼籲大同、延平、建成三區市民合作，

〔註100〕〈柯臺山等一行　察看民間拜拜情形〉，《聯合報》第6版，民國六十年（1971）
　　　　六月六日。
〔註101〕同上註。
〔註102〕〈霞海城隍祭典　訂定改善計劃〉，《聯合報》第7版，民國六十一年（1972）
　　　　六月六日。
〔註103〕〈衛生局籲市民　注意飲食衛生〉，《聯合報》第7版，民國六十一年（1972）
　　　　六月二十二日。

不可將剩餘的菜餚、果皮、垃圾，任意丟棄或倒在水溝內，否則將以妨害環境清潔取締。祭典當日垃圾收集的時間，將提前自下午二時開始。〔註104〕

這樣的壓制大拜拜，當然會影響到市場交易情形。報上說：「往年每逢此大拜拜前夕，市場上一些應景貨品，銷售情況均相當暢旺，價格亦普呈堅俏；可是，今年的情況卻大不如前。昨天臺北市場上的毛豬、雞鴨、蔬菜、水果等祭典必需貨品，銷路冷淡，且僅蔬菜略有波動外，其餘各貨均因供貨充沛，而走疲途。」〔註105〕

記者王榮祿在報導的末尾寫道：「祭典必需之貨品銷售情況的黯淡，加上來供的充裕，形成供過於求之情勢，難怪應景貨品市勢會奔走疲途。」〔註106〕

三、1973年

對大稻埕迪化街茶商、布商、雜貨商、中藥商來說，利用霞海城隍大拜拜的時機，招待長期往來的客戶，是必需要的手段，百年以來，相沿成習。現在為了配合政策，只好改變宴客的時間和地點。在時間上，避開霞海城隍祭典當天，提前一天，或延後幾天。地點改在酒家或餐廳，不再在自己的店裡〔註107〕。如此一來，各店家的主婦們可以得到喘息和休息。

延平區公所和民眾服務社（國民黨的黨部）的理事游俊成，將節約霞海城隍拜拜的費用，購買五千斤白米，送交該社於今天轉贈給該區貧民。延平區的貧民共有168戶，每戶按人口多寡，可以分別獲得15斤、20斤、25斤的白米，發放地點在甘谷街25號。〔註108〕

布商公會決定在祭典當天，休市一天，全家老小和員工一起到石門水庫遊覽。由於各店家都有私家車和80cc.以上摩托車，交通工具不成問題。後來顧慮到交通安全與整體活動的方便性，改乘遊覽車。並成立攝影組、釣魚組、樂隊。旅遊活動的行程自臺北——三峽長壽山——忠義廟——溪公園——石

〔註104〕〈延平等三區今天提前收集垃圾〉，《聯合報》第7版，民國六十一年（1972）六月二十三日。

〔註105〕〈商情分析　北市延平等區節約祭祀霞海城隍　毛豬雞鴨市勢走疲途　水果徘徊原檔　蔬菜微有起落〉，《經濟日報》第7版，民國六十一年（1972）六月二十三日。

〔註106〕同上註。

〔註107〕〈市場漫步〉，《經濟日報》第9版，民國六十二年（1973）六月十二日。

〔註108〕〈節約拜拜　購米濟貧　游俊成行善〉，《聯合報》第6版，民國六十三年（1974）六月十九日。

門水庫——臺北。〔註109〕

聯合報上順勢刊出一篇由女記者歐陽元美用軟性的筆觸來宣揚郊遊好處的報導，對當日遊玩的情形做了如下的描述：〔註110〕

「不拜拜，真輕鬆！」六十幾歲的郭老太太昨天帶著兒媳、孩子參加臺北市布商同業公會舉辦的霞海城隍誕辰集體郊遊活動。

郭老太太說，往年霞海城隍過生日，她總是天不亮就起床，帶著媳婦上市場買菜和供品，鈔票不斷地往外送，東西不斷地往家裏搬，在廚房要忙上一整天，說起來真是「勞民傷財」。

前幾天，她聽到布商公會要舉辦郊遊活動，心裏就覺得這是一件好事，如果帶著全家大小一塊兒到郊外走走，就不必再費盡心思去準備拜拜了。

郭老太太年紀大了很少出門，昨天帶著兒孫玩得十分高興。

布商業公會這次以很短的時間籌備這項活動，目的是希望同業不要浪費金錢在大拜拜上，為延平區作一模範。

昨天上午九時，他們就攜家帶眷到西寧北路四十六巷口集合，全體五百多人，搭乘借來的巴士，準備到石門水庫郊遊。原來公會希望每家布商開出自用小汽車，為了大家的安全，臨時又改乘巴士去。

到達第一站三峽白雞關帝廟時，許多人都以少數幾樣鮮果拜祭。一位年輕的黃太太帶了五個孩子，把荔枝、香瓜、芒果供在關帝廟前，虔誠地鞠躬。

她最小的兒子問：「媽媽！今天怎些不拜拜呢！」黃太太告訴兒子：「拜神在於心誠，並不是非要大吃大喝不可呀！」

擔任副指揮的甘明正說，這次郊遊每人只繳八十元，費用不多，除了車費，每人還有一盒便當和蘆筍汁，比起拜拜來可省了不少錢。

〔註109〕〈今年霞海城隍生日　布商不再大喫大喝　舖張揚屬不合時代潮流　同業員工結伴攜眷郊遊〉，《聯合報》第 3 版，民國六十三年（1974）六月二十六日。
〈改善民俗節約拜拜　首先倡導休閒活動　布商公會成立釣魚攝影等小組　參加者日增‧有移風易俗功效〉，《聯合報》第 6 版，民國六十三年（1974）七月一日。
〔註110〕歐陽元美〈布商公會移風易俗　不做拜拜舉辦郊遊　郭老太太闔家旅行玩得好開心〉，《聯合報》第 6 版，民國六十三年（1974）七月三日。

第一車的領隊也補充説：「普通每一家拜拜大多要擺五桌以上的酒席，連最窮苦的人家也至少有兩桌，就拿一桌兩千元來計算，總也要四、五千元才能應付，再加上汽水、酒，花費是相當多的。

最糟糕的是有些人喝醉了酒打架鬧事，喝醉酒的人根本不知道自己做了些什麼，等到清醒過來後悔也來不及了。吳政達是第五車的領隊，他説：「我的朋友知道我今天要去郊遊，也就不好意思到我家吃拜拜了。」

他還提到，有時拜拜是應朋友的要求而辦的，一條巷子有一家拜拜，那麼其他的人家會覺得不拜拜就沒有面子，弄來弄去，大家就認為非拜拜不可，其實說穿了是很好笑的。對吃拜拜的人來說，因為吃了一家又一家，東西吃得太雜而傷了胃，更是划不來。

布商公會的理事長張嘉惠是這次活動的發起人。他除了出錢出力贊助，還買了六籮筐荔枝，分送參加郊遊的人。

他説，由於報名參加的人數太多，車輛準備不夠，只好請他的太太帶著他公司的員工到陽明山郊遊。張理事長説：「他們平常工作很辛苦，也該慰勞一下。」

布商們昨天玩了一整天，最後在石門水庫還舉辦了摸彩，獎品全是由公會的理事們捐贈的。布商公會的創舉，為延平區帶來了革新的風氣。

民政局對這一年的祭典當天的狀況，表示滿意。在所發布的新聞稿上作如下的表示：〔註111〕

民政局説：從昨天祭典遊行的行列中可以看出，今年的炮竹聲較少，看熱鬧的人也較少，遊行的隊伍也均能按原來規定的時間和路線進行。

同時，霞海城隍廟裏所供奉的祭品，也沒有全豬全羊，大都改以雞鴨及鮮果、罐頭代替。大部份市民也只開一兩桌招待親友。

民政局説：最值得鼓勵的是布商公會會員。他們在這一天祭典發動公休，舉辦郊遊、釣魚等活動，充份做到政府推行的節約拜拜號召。

〔註111〕〈霞海城隍祭典　今年大為節約〉，《聯合報》第 6 版，民國六十三年（1974）七月三日。

經濟日報有一則很小的報導，透露出大稻埕的批發商對節約拜拜的無奈。這則報導是這樣說的：〔註112〕

> 六月二十四日的端午節，七月二日霞海城隍誕辰的拜拜，在往年是臺北市迪化街批發市場貨色旺銷的日子，但今年的生意冷落，銷貨收入大減。二日又爲城隍誕辰化錢請客，三日的生意又於拜拜後，更呈清淡，一些老板們無不搖頭嘆息。

下一年民政局長楊寶發在談霞海城隍祭典改善情形時提到這一年的祭典和宴客情形時說：〔註113〕

> 楊局長説，去年此時有外臺戲八臺，遊行人數一千五百卅人，全部花費二百四十九萬七千七百卅元，宴客一千七百六十五桌，參加祭典的共計九千八百廿九户，今年祭神請客赴宴的寥寥可數。

四、1975 年

民國六十四年（1975）四月五日蔣中正總統去世。那時的人們深深哀悼他的去世，在國喪期間，自動停止各種娛樂活動。因此，這一年各地的廟會活動或停止辦理，或縮減規模。在這種情勢下，霞海城隍爺的誕辰就在安靜中渡過。沒有迎神遊行，也沒有大規模的宴請賓客，當然少了野臺戲。

新任的民政局長楊寶發看到這一年霞海城隍祭典冷冷清清，認爲是政策宣導成功，民眾多有覺醒〔註114〕。臺北市政府認爲這是中山、大同、延平、建成四區執行政策成功的表現，因此，四位區長都得到記功和獎勵：〔註115〕

> 市府説，本年霞海城隍祭典地區包括建成、延平、大同、中山等四區，均無迎神遊行及演外臺戲，居民亦無飲宴情形，改善效果爲有此祭典以來所僅見，經市府調查後，認爲該四區區長執行認眞，應予核獎如下：建成區長林燦木記功二次，延平區長黃清塗記功二次，大同區長林協可記功一次，中山區長孫冠軍記功一次。

〔註112〕〈市場漫步　鐵管仍困守低檔　電池品質須改進〉，《經濟日報》第 11 版，民國六十三年（1974）七月四日。
〔註113〕〈霞海城隍祭典　市民節約拜拜〉，《聯合報》第 6 版，民國六十四年（1975）六月二十三日。
〔註114〕同上註。
〔註115〕〈民政局將調查神壇　輔導辦理公益事業　本年霞海城隍節約拜拜　四區長獲市府記功獎勵〉，《聯合報》第 6 版，民國六十四年（1975）八月一日。

其他有功人員另行辦理獎賞。內政部也在十一月時頒發獎狀給四個區的改善民俗實踐會〔註116〕。

五、1976 年

蔣中正總統逝世一週年時，各種團體都有紀念活動。臺北市的松山慈佑宮、奉天宮、大明寺、霞海城隍、府城隍等寺廟，爲紀念總統蔣公逝世週年，各自舉行爲期兩天的法會。〔註117〕

臺北市布商同業公會也循例，在霞海城隍祭典時期，舉辦郊遊活動。今年的地點是蔣公陵寢所在的慈湖。行程包括石門水庫、阿姆坪（乘遊艇）、角板山、慈湖，於當日七時半出發十七時返回臺北。顧慮到交通安全問題，集體乘坐遊覽車。自五月廿八日起至六月五日止，攜國民身份證，到臺北市環河北街 107 之 1 號 4 樓登記，每人 120 元代辦費劃定車位，洽詢電話5114385、5816786。〔註118〕

這一年依舊有迎神的行列，可是規模不大，不致影響到正常的交通流量，因而沒有交通管制，公共汽車更無需改道。家家戶戶改以香花素果供神，少有牲醴，宴客情形也很少。〔註119〕

六、1977 年

聯合報的副刊登出一篇由邱坤良所寫的專題報導〈阿伯啊，我演子弟戲給你看〉〔註120〕，介紹靈安社的子弟戲。對於這一年霞海城隍祭典隻字未提。

七、1978 年

蔣經國於五月二十日正式出任中華民國第六任總統。在他十年的強力改

〔註116〕〈統一祭典節約拜拜　延平建成中山等區　獲內政部頒獎勉勵〉，《聯合報》第 6 版，民國六十四年（1975）十月二十三日。

〔註117〕〈總統　蔣公逝世週年　北市各界集會紀念〉，《聯合報》第 6 版，民國七十五年（1976）四月四日。

〔註118〕〈臺北市布商公會　將辦角板山郊遊〉，《經濟日報》第 4 版，民國六十五年（1976）五月三十日。

〔註119〕〈霞海城隍誕辰　市民節約拜拜〉，《聯合報》第 6 版，民國六十五年（1976）六月十一日。

〔註120〕邱坤良〈阿伯啊，我演子弟戲給你看〉，《聯合報》第 12 版「聯合副刊」，民國六十六年（1977）二月五日。

革之下，熱鬧一時的霞海城隍祭典已經蛻變成地方性的廟會活動，不再有先前的風光。

這一年又出現有趣的變化。就臺北市政府來說，在祭典前夕，依照往例，由中山、大同、建成、延平四區的改善民俗實踐會推行委員、爐主及寺廟主持人一起開會，決議不屠宰牲畜、不演外臺戲，以清香、茶果、鮮花為祭品，減少焚燒冥紙，並且不為祭典而宴客或赴宴。〔註121〕

兩年沒有迎神遊行了，今年一反常例，舉行盛大的迎神遊行。《民生報》在「生活新聞」欄刊出一篇由記者翁臺生執筆，寫得頗有感觸的報導：〔註122〕

> 昨天是迪化街霞海城隍誕辰。民間的遊藝隊伍長達十幾公里，由臺北大橋頭排起，經過延平北路、迪化街，再轉到長安西路，據說是十幾年來最盛大的一次。

> 民間的說法是，霞海城隍是圓環、延平北路一帶（舊稱「大稻埕」，意即曬穀的平地）居民的守護神。過去大稻埕一年中最熱鬧一天就數霞海城隍生日。民眾獻祭的豬公擠滿廟前空地，家家宰鴨，香案一擺十幾公里，只見焚香膜拜的民眾不斷，大街巷塞滿看熱鬧、吃拜拜的人潮。

> 昨天霞海城隍廟前依舊香煙繚繞，只是神案供桌上，水果素菜佔去大半，雞鴨魚肉變得只是點綴；神像出巡沿途只有稀疏的民眾點著香等著。

> 久坐廟裡的七爺、八爺走在大馬路上與公共汽車爭道，顯得有點侷促不安，高蹺隊伍在人車擠迫下走起路來也不那麼從容不迫。日新國校學生組成的長龍隊也是孤零零地走著，只有「大橋頭」一帶的金獅團、多樂社的隊員似乎抓住這個機會，好好舞了舞獅，要了下刀槍和大旗，表演得格外賣勁。

> 在工業化腳步下，由神像、神案帶頭的民間演藝隊伍變得行色匆匆，人與神的距離也是愈走愈遠了。

〔註121〕〈中山等區民俗會決議　霞海城隍誕辰　祭典儘量節約〉，《聯合報》第6版，民國六十七年（1978）六月十八日。〈今天霞海城隍誕辰　不殺生不宴客　香花水果祭神〉，《民生報》第6版「生活新聞」，民國六十七年（1978）六月十八日。

〔註122〕翁臺生〈霞海城隍誕辰　遠不如預期〉，《民生報》第6版「生活新聞」，民國六十七年（1978）六月十九日。

臺北市布商公會今年爲了節約拜拜，在臺北縣八里鄉海邊，舉辦釣魚比賽。參加者除了迪化街上的布商之外，還有市郊各織布廠的員工。比賽結果如下：

> 比賽結果，江信綢布企業公司董事長江信賢，魚獲最多，獲得第一名；連億裏布公司股東陳敬義獲得第二名，南源有限公司董事長林南源第三名，八德紡織印染公司的林茂雄第四名。〔註123〕

八、1979 年

這一年的報紙不再關心霞海城隍祭典這一回事，只在乎布商公會今年要去那裡遊覽。報上說：

> 據悉，國曆六月七日乃農曆五月十三日，係霞海城隍誕辰，當日北市迪化街各布商均休市一天。北市布商公會利用該日舉辦北海一周遊覽，行程爲淡水、白沙灣、新金山、野柳、基隆。凡是布商均可報名參加。公會將供應午餐、飲料。報名截止日期爲六月四日下午五時。

九、1980 年

在春節的前幾天，蔣經國總統出現在大稻埕，向採辦年貨的民眾拜年，也到霞海城隍廟致敬，成爲年度的大事：〔註124〕

> 蔣總統昨天上午蒞臨臺北市政府，向市府員工賀節，並到迪化街南北貨批發市場及霞海城隍廟巡視，沿途向市民祝福大家春節快樂蔣總統身著米黃色夾克，面帶笑容在十時卅分抵達市政府，對市府值班員工說：『你們辛苦了。』接著在市長辦公室內，聽取李登輝市長有關興隆路排水工程及臺北市交通問題的報告。
>
> 李市長向蔣總統報告說，興隆路的排水幹線工程將按預定進度完工；整頓交通是長期性的措施，需要市民的支持與合作，才能達到改善交通的目的。

〔註123〕〈布商公會・釣魚比賽成績揭曉〉，《經濟日報》第 9 版，民國六十七年（1978）六月二十二日。

〔註124〕〈蔣總統昨巡視臺北市政府　在迪化街與民眾閒話家常〉，《民生報》第 1 版，民國六十九年（1980）二月十六日。

十時四十五分，蔣總統由李市長陪同，前往迪化街一段訪問了南北貨、中藥材批發店；蔣總統沿途與商店老闆黃武勝、陳泰、陳明燦、簡鴻春、李金勝等人閒話家常，頻頻垂詢他們在此做生意多久了？生意好不好？並祝福他們春節快樂。

蔣總統所到之處，市民夾道歡迎，有許多採購年貨的民眾見到蔣總統都很興奮。蔣總統問市民廖茂雄生活好不好；廖茂雄感動的說：『很好，謝謝總統的關懷。』

一位賣春聯的李思聞老先生請蔣總統到他的攤位前蔣總統掏了一百元買了五副「大家恭禧」字樣的春聯；李老先生隨即選了一副上聯書有「山高興雲雨」的長幅春聯送給蔣總統。

在鞭炮聲中，蔣總統順道到迪化街一段六十一號「霞海城隍廟」祈福，祈求國泰民安，國運昌隆。民眾夾道歡呼：『中華民國萬歲！』

蔣總統於十一時卅五分離開迪化街。

這一年布商公會在霞海城隍祭典期間，舉辦到慈湖謁陵活動，順道遊覽角板山，以及桃園縣復興鄉的主要風景區，角板山賓館、吊橋景色及小烏來不動風石等。〔註125〕有一千五百多人報名參加。

在這一年，報上出現一些懷念舊時光的文章，開啟了大稻埕和霞海城隍廟及其祭典的另一個生命旅程。在彰化鹿港舉辦「民俗才藝活動」，特別介紹「藝閣」，文中特別提到：

相傳藝閣這種雅興，閩南泉州一帶早在明朝中葉就已流行。而臺灣的藝閣活動，據本省耆老的流傳，應發源於臺南，然後依臺灣開發過程，由南到北而傳遍全省。但由於文獻紀錄尚找不到這項發源記載，倒是一百多年前臺北松山的上元「迎藝」、抗戰前大稻埕每年霞海城隍誕辰這兩個大節日的藝閣活動，不但被詳實記載，也被後人們津津樂道，引為舊話。〔註126〕

這篇文章由於考據工夫不深，內容真假不分。這種現象正顯示人們的健忘，以後有關臺灣各地、臺北市、大稻埕的古蹟專家輩出，但是能正確無誤

〔註125〕〈霞海城隍誕辰祭典　布商公會謁陵郊遊〉，《民生報》第5版「戶外活動」，民國七十九年（1980）六月十三日。

〔註126〕蔡崇熙〈各有千秋談藝閣〉，《民生報》第7版「醫藥新聞」，民國七十九年（1980）六月十五日。

者卻不多見。

　　另外，又有消息傳出，窄狹的迪化街要拓寬。如此一來，包括清末和日據時期的古建築群將化為平地，繼之而起的是新式的大樓。於是引起許多地方人士和古蹟文化維護者的關心和抗議。在此，選用陳麗卿〈大稻埕的最後一瞥〉一文的一小段，作為一個時代結束的結語：〔註127〕

　　　　迪化街的「味道」不只是屋簷街角、樓亭行廊漫溢出重重古意；沿
　　　　著迪化街一路走下去，就如同走在中國的山川歲月裏，舉目盡是中
　　　　國舊日生活的訊息。

　　　　物轉星移，轉走了迪化街的黃金年華，卻轉不去那份屬於迪化街特
　　　　有的風懷。

　　　　炎夏日，邁進橫跨迪化街的「恭祝霞海城隍老爺誕辰」牌樓，暑氣
　　　　似乎給擋在牌樓外，展現眼前的是一條純中國味的小街。……

　　　　隔了大橋頭，迪化街儼然分成兩個世界。前面街市一度是臺灣商業
　　　　交易批發中心。昔日車水馬龍，大宗物產進進出出，店員操著親切
　　　　的語音，站在門口招呼過往行客：『人客，來坐。』。最近幾年迭經
　　　　商業中心移轉和經濟不景氣的打擊，迪化街的批發漸走下坡，但這
　　　　條高業街市，在現代繁忙商業社會仍有它舉足輕重的影響力。

　　　　在大臺北這樣步調緊張的社會裏，迪化街所傳送出的農業社會的訊
　　　　息不被接受，這條老街的拓寬乃至消失，就像傳統的步調一樣，淘
　　　　汰是那麼地無可奈何。

　　　　夜晚九時許，臺北街頭正是霓虹萬彩，歌舞昇華，驟然由車水馬龍
　　　　的圓環、延平北路踏入迪化街，空寂的馬路在黑夜中盪漾，只有過
　　　　往車輛偶爾照亮小段街景，街角冷飲小吃幾盞小燈明滅街頭，白日
　　　　生意場上的競爭，在黑夜中都已淡去。

　　　　『燒肉粽！肉粽！』一位瞎眼老頭，右手拿根竹杖，左手提者一桶
　　　　粽子，敲打在寂靜的星夜中，漸行遠去。迪化街正一步一步地走向
　　　　盡頭。

〔註127〕陳麗卿〈大稻埕的最後一瞥〉，《民生報》第12版「競技場上」，民國七十九
　　　　年（1980）七月十六日。

第十二章　浴火重生（1981～2000）

　　麥克阿瑟將軍有一句名言：「老兵不死，只會凋謝。」用來形容最近這三十年大稻埕和霞海城隍廟的廟會，還真的很貼切。不是只會凋謝，更會發展出重生的機會，這才是我們要特別注意的地方。

　　上一章敘述在八〇年代末期，臺北市政府用強硬的手段把轟動幾十萬人的霞海城隍大拜拜壓制下去。接下去的三十年，臺北市、大稻埕、霞海城隍廟及其祭典，都面臨到巨大的變化。臺北市的中心市區從大稻埕轉移到東區，原本是荒地的松山區發展成為新的市中心。大稻埕因房屋老舊、街道狹窄、環境髒亂、人口外流而成為「老舊社區」。面臨到一個棘手的問題：老社區如何更新，再現活力。霞海城隍廟不再是統領全島的大廟，回復到單純的社區小廟的本色，如何再現它的活力，重振昔日的風華，更是一個絕佳的文化創意事業。

　　在這一章，依舊用編年的方式，以「霞海城隍廟會」和「大稻埕古蹟維護與創新利用」為兩個敘事的主軸。從歲月的緩慢移動中，清楚的看到，人們如何用新的眼光來看待霞海城隍的廟會活動，大稻埕如何在各種聲浪中得以保存下來，呈現今天我們看到的面貌，以及霞海城隍廟本身如何改變他的角色，發展出新的服務項目。

一、1981 年

　　冬令救濟是政府行之多年的施政。每年都由各個寺廟和善心人士捐助白米以及其他生活必需用品。這一年，延平區公所主持的冬令救濟工作獲得區

內各界人士熱烈捐款支持，將發給區內生活照顧戶每戶 2150 元，生活輔導戶
2250 元，同時發給每戶白米 280 臺斤。延平區公所公布的捐款單位名單，霞
海城隍廟所捐的白米，折合現金 10,750 元，爲各捐助單位之冠〔註1〕。

臺北市的延平、松山、城中三區在元宵節舉行燈謎大會。延平區的燈謎
大會是在霞海城隍廟前廣場舉行。〔註2〕

三月二十三日，臺北市政府民政局舉辦全市寺廟講習會，地點是在愛國
西路的自由之家。由局長黃宇元主持。計有霞海城隍廟、松山慈佑宮等二十
三間寺廟的負責人出席。會中有六項決議：〔註3〕

（1）定期舉辦端正禮俗專題演講，與講述佛道教經典結合。

（2）利用講經機會，講解有關端正禮俗、屬行祭典節約有關事項。

（3）利用講經或宣場教義會議，勸導信徒減少殺牲，遇有祭典活動，如
非有特別規定（如祭孔），應謝絕信徒牲祭。祭品改用清香、茶果、
花卉。並減少焚化紙箔及燃放鞭炮。尤應避免迎神遊行。

（4）利用寺廟現有房屋或講堂關爲展覽室，舉辦國家建設、中共摧殘宗
教及迫害大陸同胞種種暴政罪行資料照片，供信徒及市民參觀，以
加深反共愛國思想。

（5）贈送信徒崇市民「統一祭典主神源流簡介」及「迷信害人知多少」
等單行本，以廣宣傳。

（6）發動信徒舉辦國家建設參觀等自強活動。

五月六日臺視、中視和華視三家電視臺的聯播節目「美不勝收」，在晚九
時播映「祭典之美」。這個單元報導近年來臺灣全省各地各項祭典的盛況，祭
典與人民生活的密切關係。「祭典之美」的紀實部份，包括了臺南陣頭賽、臺
北保生大帝祭、中元普渡放水燈、王爺船、霞海城隍巡行、學甲上白礁祭祖。

五月二十二日，臺北市政府又在北投的關渡宮舉行民國七十年度的寺廟
講習會。會中，李登輝市長將在會中頒獎給八所寺廟，表揚他們捐資興辦公
益及慈善事業，對社會所作的貢獻。

〔註1〕〈延平區冬令救濟　獲各界熱烈響應　現款白米　近日發放〉，《聯合報》第 7
版，民國七十年（1981）二月十五日。

〔註2〕〈春元燈謎大會　今起分別舉行〉，《聯合報》第 7 版，民國七十年（1981）
二月十八日。

〔註3〕〈屬行祭典節約　破除害人迷信　臺北市寺廟負責人　作成配合政令決
議〉，《聯合報》第 7 版，民國七十年（1981）三月二十二日。

接受李市長表揚的八所寺廟及興辦公益或慈善事業的具體事蹟如下：

（1）財團法人臺北市華蓮嚴社：捐資 6,447,200 元，作為低收入家戶濟
　　助、急難救濟、清寒學生獎助、自強救國捐獻、在桃園大溪鎮興建
　　孤兒院一座，除頒給獎牌一面，並專案報請內政部獎勵。

（2）財團法人臺北市關渡宮：捐資 1,403,550 元，作為低收入家戶濟助、
　　年節慰問、醫療保健、濟助孤兒及養老院等，頒給獎牌一面。

（3）財團法人臺北市艋舺龍山寺：捐資 1,362,125 元，濟助低收入家戶、
　　急難救濟、清寒獎助學金等，頒給獎牌一面。

（4）天后宮：捐資 1,257,090 元，濟助低收入家戶、醫療保健、孤兒及
　　養老院，頒給獎牌一面。

（5）財團法人臺北市松山慈佑宮：捐資一 1,113,040 元，作為低收入家
　　戶濟助、年節慰問、社會教育，頒給獎牌一面。

（6）財團法人臺北市淨土宗善導寺：捐資 1,068,000 元，作為清寒學生
　　獎助、辦理孤兒院等，頒給獎牌一面。

（7）臺北霞海城隍廟：捐資 719,506 元，作為急難救濟、清寒學生獎助、
　　濟助孤兒及養老院等，頒給獎狀一幀。

（8）金龍院：捐資 717,685 元，作為興辦公共設施、低收入家戶濟助、
　　清寒學生獎助等，頒給獎狀一幀。

同時，民政局長黃宇元也將在會中頒獎給財團法人臺北市行天宮、指南宮、法光寺等 22 所熱心社會慈善事業的寺廟。臺北市有合法登記的寺廟 117 所及教會 51 所，在六十九年（1980）一共捐資 60,530,179 元，興辦公益或慈善事業。〔註4〕

內政部民政司長居伯均也在會中講解有關宗教寺廟的一些措施。在健全宗教組織方面，政府已採取的措施有：（1）健全教會或寺廟教堂組織，成立財團法人，（2）興辦慈善公益福利事業，造福社會，（3）精簡並改進宗教儀式及教規，以適應時代需要。〔註5〕

到了霞海城隍誕辰時，布商公會宣布迪化街上各種布店依例休市一天，

〔註4〕〈捐款公益慈善事業　八所寺廟明受表揚〉，《聯合報》第 7 版，民國七十年（1981）五月二十一日。

〔註5〕〈居伯均在寺廟負責人研習會呼籲　致力健全宗教組織　興辦慈善公益事業〉，《聯合報》第 7 版，民國七十年（1981）五月二十三日。

公會成員一起到谷關去遊玩。〔註6〕

　　這一年，關於霞海城隍祭典的報導變得非常全面，不再像以前那樣，只側重在交通管制。這則報導是刊登在《民生報》。這份報紙的主旨就是報導生活、文化、影劇、娛樂等方面的消息。因此，記者陳麗卿改用軟性的筆觸，讀起來就溫馨可愛，茲膽錄如下：〔註7〕

　　　明天（農曆五月十三），是迪化街稻江霞海城隍渡臺一百六十週年。
　　　五月十三迎城隍，百餘年來，不僅是老商街人人肅穆喧騰的大鬧熱，
　　　也是臺北最特殊的民俗景觀。

　　　鑼鼓磬鈸、絲竹管樂聲中，七爺八將、龍虎獅陣、宋江陣頭，明天
　　　又將伴護著城隍神轎，出巡境內，消災解厄。

　　　霞海城隍是延平、大同及建平北三區的守護神，每年五月十三都要
　　　浩浩蕩蕩出巡一次。

　　　迎城隍的序曲，早在農曆五月上旬，就陸續顯露跡象。

　　　梅雨陰霾的日子，踏進霞海城隍廟，數尊形制各異的註生娘娘與十
　　　二婆祖，擺在長桌上。廟中一名老執事正仔細地抹拭，那份敬肅的
　　　眼神，小心謹慎的手勁，恰似神民虔敬的心靈與神溝通。原本沾上
　　　塵埃香灰的神祇，漸次現出金身。

　　　側殿另有幾名執事擦拭著神桌、玻璃、燈罩……『十三快到了，清
　　　掃廟宇，迎城隍。』廟祝陳明正在做說明時，一面應對善眾的詢問
　　　獻金，一邊顧眼稍顯雜沓的廟宇。

　　　清掃廟宇不獨爲了十三日迎城隍的盛舉。照往例，五月初六「三獻
　　　禮」，以商街聞名的迪化古街各商業界代表布商、南北貨……都會
　　　來爲城隍祝壽，禱祝一向靈威赫耀的城隍老爺，繼續護祐它的子民。
　　　稍作整飾算是啓開迎城隍民俗的先端。

　　　一盞盞懸掛在廊廡下的「恭祝霞海城隍誕辰」黃燈，點染迪化街頭
　　　一廂莊穆耀眼，襯映著圓拱門廊下滿籮筐的海陸物產，喧囂出一股

〔註6〕　〈臺北 120 丹尼人造絲　半光筒絲新貨應市　迪化街布商明休市一天〉，《經
　　　　濟日報》第 10 版，民國七十年（1981）六月十三日。
〔註7〕　陳麗卿，〈五月十三人看人　神祇北上齊賀壽〉，《民生報》第 12 版「競技場
　　　　上」，民國七十年（1981）六月十三日。

蓬勃的生意氣息。

準備在遊行行列大展身手的各軒社陣頭，也都在五月的初夏揮汗演練，以在十三日舞出渾身解數。

五月的霞海城隍廟，依隨十三迎城隍時日的接近，善男信女來得更勤更密。香火繚繞中，映現的盡是卑誠的信眾，喃喃道訴對神的祈求。指著跪拜的善信，陳明正說：『每年五月十二日晚，最多人來祈拜，總是一拜到天明。』

這樣的盛況，持續到十三日下午迎城隍的神明遊境，更臻高潮。

「五月十三人看人」的俗諺，說的就是神明繞境時，迪化街頭萬民攢動爭看的寫實。老一輩的臺北人都知道這句話的涵意，住在迪化老街上了年紀的人，更清楚這句話在他們漫長歲月所留下的記憶。

就以去年來說，遊行隊伍總幹事王雲青回憶言道，隊伍自中午十二時左右，由重慶北路民眾服務社開始，走了四、五個鐘頭，才到達城隍廟。沿途香案林立，人群熙攘，瀰漫一股香煙肅穆。樂隊、陣頭及各地來的神祇、信徒，蜿蜒數里。

『那麼遠哪！』

王雲青笑一笑：『少年仔，這怎麼遠呢！以前是數十里長哪！』

今年已決定參加慶祝霞海城隍聖誕遊行的民間遊藝團體有新樂社、共樂軒、德樂社、保安社、南樂社、清心樂社……等十多軒社，霞海城隍自己的子弟陣頭靈安社，更是出動二百名子弟參與盛會，其他各地神祇、信眾……，熱烈情況不輸去年。

稻江霞海城隍廟是本省香火鼎盛的一座廟。原係道光元年，福建同安陳金絨奉請同安縣臨海門城隍爺老祖霞海城隍金身來臺，初奉祀在艋舺八甲庄，後因艋舺「頂下郊拼」，將城隍爺遷至大稻埕。目前迪化街一段的霞海城隍廟是咸豐六年興工，至咸豐九年落成。今年是城隍渡臺一百六十週年。

過去每逢五月十三城隍爺聖誕，迎神賽會熱鬧非凡，是臺北區的盛事，也是臺北最特殊的民俗活動。迪化街人山人海，野臺戲班非連演一、兩個月不休。這天，各地神祇也盛裝前來道賀，媽祖、保生

大帝、土地公和中南部大小神祇都北來趕赴這場盛會。『光是七爺、八爺就由廟內排至廟外哪！』陳明正比劃著往年盛況。各宮、廟的信徒也跟隨自己奉祀的神轎由各地雲集迪化街頭。臺北市各子弟陣頭如共樂軒、德樂軒、平樂社、金海利、群英社、三義軒、北門社等，陣容更是龐大。年輕漢子打著鑼鼓，踩上高蹻，耍著木棍，揮舞大刀，形形色色，表現中國舊時農業社會，莊稼農閒習武禦身的好本事。

照例，排在軒社壓軸陣頭的是霞海城隍的子弟陣頭靈安社。靈安社「七爺」、「八爺」的身影搖搖晃晃地在人群讓出的路中走著，「八將」威武地伴護著「霞海城隍」神轎緩緩行進。兩旁的信徒膜拜得更虔誠了。

神轎後面跟著一長排善男信女。他們都是由全省各地趕來朝香刈火。有人隨香，或扮八將，或散髮披紙枷，奇形怪狀，遊行市街。

隨香的信徒，披著黃色的「制服」，拿著上書「稻江霞海城隍」的燈籠，神情誠敬，默默地跟在神轎後頭。信徒中有鶴髮老嫗，也有稚齡幼童蹣跚地跟著大人腳步行進。扮八將或披枷的信徒多是身體不適或自覺罪孽深重，擲筶向城隍請示或許願，自願在五月十三作神的部屬或戴枷遊街，洗刷罪名。

枷有兩種，豆干枷（四角形）和刀枷（三角形），後者表罪行較重。披枷者著白裙，拿把掃帚，沿街掃馬路，象徵掃走本身的罪孽。

在霞海城隍廟牆上，有一幅神轎進殿人山人海爭睹的舊照片。城隍廟祝乃世代相傳，第六代廟祝陳明正隨手指著這張泛黃照片說：『那是幾十年前的事了，現在規模要比以前冷清得多。』

雖然迎神活動規模小了，走在車水馬龍的臺北街頭，聲勢仍然嚇人。

神轎進殿，霞海城隍安坐神位後，來朝拜的各地神祇紛紛打道回府，遊神的隊伍漸漸散去，信徒開始蜂湧進廟上香膜拜。在煙霧迷漫中，信徒口中喃喃，磕頭下跪，求城隍庇佑闔府平安，財發利市。已經承受了一百六十年民間香火的城隍，慈祥地俯視祂的子民，垂聽來自人世微小的祈願，咸豐庚申年（十年，1860）「天眼時開」的匾額高懸廟樑，人神之間有一份格外的親切感。

城隍廟內擠滿了信徒，廟外街市上熙熙攘攘的也是人潮。紅男綠女穿梭在迪化街巷內，人人臉上漾滿笑意。

笑意最濃的要算是城隍廟兩旁的佛具、繡莊、香燭行了。城隍誕辰遊神賽會的活動剛揭起序幕，各地來還願消厄的信徒總不忘彎進就近的佛具、繡莊和香燭行，選些上等香燭、八仙彩、宮燈或神像，給城隍爺當禮物或分些神明香火回家奉祀。這段日子是繡莊行生意鼎盛的大市。

神明繞境剛結束，迪化街各店家收起香案，擺上圓桌，宴請生意往來客戶及親朋好友，酒酣叫拳聲塞街頭巷尾，到處只見紅光滿面，酒氣醺天的食客蹣跚的步伐。

『這幾年已不比從前熱鬧了。』九十一歲的洪烏番想起清朝迪化街還叫中北街的時代，說：『以往家家戶戶殺豬宰羊，筵席從中午一開就一席接一席，三更半夜都沒完，每家都是「輸人不輸陣」哪！那像今天，有人還清香鮮果上奉呢！』

遊神賽會的盛況也今非昔比。以往，樂隊、陣頭、獅陣、詩意藝閣等，無不爭奇鬥艷；歌仔戲、子弟戲一演就是一、二個月。尤其是藝閣，五月十三當天，全臺北市藝妲都有義務粧扮，坐在藝閣上，遊行臺北市街。逢此盛況，下港的男人為爭看天仙，都不遠而來。陳明正趣說：『火車都加班呢！盛況可見！』光復後，改由小孩扮粧坐在藝閣上隨神遊街，炙熱當頭，幼童叫苦連天。近些年，「藝閣」已成歷史名詞。

酬神連臺野戲，近四年，也轉成了電影。陳明正說：『野臺歌仔戲要價萬餘元，又鑼鼓喧天，擾人讀書；而一部影片不過兩千來元。我們多選些觀世音、媽祖顯聖等勸世電影，有教育意義，又符合政府節約原則。』

今年的影片放映，依例從農曆五月初六起排映月餘。多半是由還願信徒或附近布商敬獻。

五月十三迎城隍原是迪化街民的盛事，也是古早最熱鬧的一段日子。親朋與生意道上的伙伴藉此機會酬酢，聯絡感情，傳為農業社會富有人情味的美談。無奈現代化的腳步已踏進古樸老街，政府提

倡改善民俗的規令也深入人心，霞海城隍迎神賽會的熱鬧正隨著都
市現代化，慢慢退隱。唯有迪化街頭，家家戶戶懸掛在廊廡上的「稻
江霞海城隍」橢圓形燈籠，入夜後，黃昏的燈影搖晃在拱形長廊上，
訴不盡它的光彩歲月。

從這篇帶有濃厚鄉土筆觸的報導來看，從日據時代到民國六十年代，一
直呼籲要改革的東西，如紙枷、八家將的塗面、擺流水席宴客、遊行繞境等，
全都存在，只是規模縮小了很多。昔日的繁華存在於老人的回憶中。當然民
政局還是老樣子，板著臉孔說要大家節約拜拜。〔註8〕建成區長黃振福依然在
講官方的語言，表示：該區近年來在地方士紳大力支持與勸導下，推行祭典
節約已收到實效，如霞海城隍祭典，確已做到不設宴、不演外臺戲，祭典所
用的祭部，也已採用鮮花素果。〔註9〕

這一年有關「暗訪」的報導特別多。在報導的內容上，跟從前的報導有
很大的不同，特別著重神將的宗教性和藝術性，並且聲稱是「民俗大盛事」，
是重要的觀光資源。報導是這樣寫的：

本週一霞海城隍廟舉行了三十四萬一千大軍安營清除境內鬼魅後，
週六和下週日晚上范謝兩將軍將率眾神將，進行饒富傳統古意、大
街小巷的私查暗訪。暗訪旨在掃蕩境內宵小及夜間的妖魔鬼怪，期
使下週一城隍爺親自出巡繞境前，先作好「安全工作」。

范謝兩將軍暗訪時，除伴有大稻埕一帶重要軒社及八將會等陣頭，
范謝兩將軍也配備有各式逮捕歹徒的武器：火籤、虎頭牌和銬鍊。

往年暗訪時常會吸引大批民眾隨行巡視，相當熱鬧。〔註10〕

這些軒社包括：靈安社、平樂社、保安社、清心樂社及稻江霞海城隍八
將會等陣頭。更史無前例的報導了如何為暗訪的八家將們「開臉譜」，以及負
責勾劃臉譜的老師傅許連成和他的兒子許榮德：

〔註8〕〈延平建成大同三區　今祭霞海城隍　民政局呼籲拜拜勿鋪張〉，《聯合報》
　　　　第7版，民國七十年（1981）六月十四日。
〔註9〕〈中元普渡即將來臨　各區祭典統一舉行　民局呼籲民眾拜拜節約　省錢捐助
　　　　慈善公益事業〉，《聯合報》第7版，民國七十年（1981）八月十日。
〔註10〕洪淑惠，〈霞海城隍廟　後天起廟會　周六：范謝兩將軍暗訪　掃蕩妖孽　下
　　　　週一：城隍爺親巡　民俗大盛事〉，《聯合晚報》第10版「臺北市」，民國
　　　　八十年（1991）六月二十日。施靜茹，〈霞海城隍廟　「迎熱鬧」　陣頭眾
　　　　神今明在大稻埕「暗訪出巡」〉，《聯合報》第15版「臺北市民生活」，民
　　　　國八十年（1991）六月二十二日。

霞海城隍廟昨晚展開暗訪活動之前，有一項沿襲已久的開臉儀式。擔任夜巡追緝兇神惡煞的神將，由彩繪師傅一一粉墨打面，裝扮成威武不可侵犯的神格。

附屬於霞海城隍廟，迄今已有一百二十年歷史的八將會，在霞海城隍祭典登場時，義務扮演城隍部屬的八將，必須打面（畫臉）。經過彩繪師傅打面之後，八將再經過過火儀式除穢，入廟叩拜城隍爺，聽候金山、銀山總將軍指令排班，等待暗訪夜巡。暗訪結束歸來，進廟報告成果，爾後退班、洗面。往昔，開臉之後因已代表神格，不能輕易開口與人交談，現在則不堅持。

八將象徵十殿閻羅的衙役捕快，有的青面獠牙，有的虎面、獅面、蛇面、龍面等等，看來面目猙獰。多年來，有關八將會人員的臉譜彩繪，均邀請彩繪老師傅許連成執畫筆。這個年高七十三歲、畫臉歲月至今已有一甲子的老師傅，昨天偕同其子許榮德一起動筆。老師傅氣定神閒，畫臉不須打底，直接上彩；不消十分鐘，就完成一個臉譜。〔註11〕

　這一年多雨，暗訪和正式的迎神遊行都是在雨中進行。以前的報導，對於七爺、八爺和八家將的報導，都是出自負面的、批判的立場。把八家將稱之為「塗面」，是「迷信」的表徵。現在則是從民俗、文化、藝術的角度來做深入的報導，讓讀者有一種鄉土的親切感。有關暗訪的報導也寫得相當精彩，抄錄如下：

大稻埕昨天「迎鬧熱」，以暗訪出巡儀式提前慶祝城隍爺農曆五月十三日誕辰，出巡隊伍繞行大稻埕主要道路，所到之處，鑼鼓喧天，但也造成部分路段交通阻塞。

諸神將、陣頭於昨晚六時，在迪化街永樂市場整隊出發，展開夙富盛名、具有神祕色彩的「暗訪」出巡。

浩大的隊伍中，由人扮演的「謝、范將軍」（即七爺、八爺）最引人注意。擔心被雨淋的謝將軍面罩塑膠袋，揹著雨傘，右手舉火籤，左手拿扣鍊；而范將軍則是揹著包袱，右手拿扣鍊，左手高舉「虎

〔註11〕曹韵怡，〈霞海迎城隍　暗訪夜巡之前　神將彩繪開臉　老師傅直接上彩手藝高〉，《聯合報》第31版「文化廣場」，民國八十年（1991）六月二十二日。

頭牌」，上面寫著「善惡分明」。這些裝備是讓兩位將軍繞境巡視境
內各角落，找尋「歹徒」之用。民間相信兩將軍會將「人犯」押解
至城隍爺面前審判。

此外，這兩具神像身上還被掛「鹹光餅」，沿途分送給夾道參觀的
民眾食用。據說吃了鹹光餅，老弱婦孺可保健康長壽。

塗著青面獠牙的大稻埕知名軒社陣頭，在鑼鼓、樂音助陣下，頂著
濛濛雨霧及昏暗夜色，以肢體動作表達敬天畏神心情，沿街商家住
戶亦設香案，以素果鮮花膜拜，非常虔誠。

霞海城隍廟表示今天將再繼續進行暗訪出巡，明天下午則是主神城
隍爺繞境巡行，祈求境內平安，大隊陣頭人馬將在重慶北路三段、
民族西路口集合，預計沿著大稻埕地區進行爲時四小時的遊行。

整個迎神廟會還將持續至下週，本月廿九日下午將舉行「五營收
軍」；下月一日上午敬拜天公，叩謝天恩，下午則舉行「普施陰光」
讚普儀式。〔註12〕

有關這一年「五月十三迎鬧熱」的報導也是從文化、宗教、民俗的角度出發，
不再有任何批判的意味。這篇報導如下：

臺北市大稻埕最著名的霞海城隍廟一年一度盛大祭典今天舉行。昨
晚范、謝將軍暗訪活動在軒社熱烈「拚館」氣氛中持續到凌晨方歇。
北三區藝閣和陣頭下午將盡出簇擁城隍出巡，不受天候影響。

依往年經驗，城隍爺神輿及隨行的樂隊、獅陣，總要造成巡行路線
南京西路、延平北路及承德路一帶交通壅塞，市民要有心理準備。

霞海城隍爺誕辰向來是北臺廟會一大盛事。兩天暗訪中，城隍廟已
散發了一萬兩千個「光餅」，給前來參與盛會的信徒。分「光餅」是
霞海城隍祭典一大特色，即將掛在七爺、八爺和八家將身上的一串
圈餅，沿途散發給小孩及信徒吃，祈求平安。

〔註12〕 施靜茹，〈大稻埕「迎鬥熱」　雨中暗訪　將軍面罩塑膠袋　鑼鼓樂音響不
停〉，《聯合報》第 14 版「大臺北新聞」，民國八十年（1991）六月二十三日。
亦可參看程思迪〈向城隍爺致敬　熱情不怕雨淋〉，《聯合報》第 14 版「大臺
北新聞」，民國八十年（1991）六月二十三日。紀慧玲的報導〈七爺八爺　暗
訪夜巡　配備特別〉，《民生報》第 14 版「文化新聞」，民國八十年（1991）
六月二十四日。

霞海城隍廟雖侷處在迪化街狹窄的街道邊，毫不氣派，是個相當不起眼的三級古蹟，但早年迪化街的繁華，使霞海城隍廟奠定成爲北部信仰中心的地位。事實上，不少大稻埕人士也將再復興的希望寄託在城隍爺身上。

因此，在「輸人不輸陣」的競爭壓力下，昨晚范、謝將軍暗訪活動直到凌晨仍鑼鼓喧天、鞭炮聲震天價響，爲近年罕見場面。

今天一早自各地湧來的信眾迎著神尊向迪化街集中，加上北三區十四個以上軒社及各地寺廟宮壇神尊、龍陣、獅陣、宋江陣、八家將及迪化街有名的民俗藝閣，下午將恭迎城隍爺出巡遶境，祈求風調雨順、國泰民安，遊行將歷四小時以上。

上午，霞海城隍廟已可看到帶著金紙所作「枷」的民。許多信徒相信，在今天買紙枷帶在身上能贖一年來的罪。這也是霞海城隍廟大拜拜的另一大特色。有空的市民也可前去參加盛會，體會一下「五月十三人看人」的熱烈氣氛。〔註13〕

在廿九日下午舉行「五營收軍」儀式，將張、劉、李、蕭、連五位將軍帶領外出的神兵收回。七月一日是拜天公讚普活動。七月九日則選拔主辦明年城隍誕辰祭典的頭家和爐主。至此，整個廟會活動才算結束。

記者洪淑惠特別就「大拜拜、流水席」不復出現的現象，也做了詳細的報導：

臺北市大稻埕霞海城隍誕辰祭典今年依然熱烈非常，但地方人士也指出，隨著時代改變，北三區今天已較少見辦桌「流水席」大請客的場面。

過去建成、延平和大同北三區每逢農曆五月十三日總見家家戶戶門前亭下辦桌大請流水席。主人樂於同時慶祝城隍生日，也能藉此顯示自己的面子，各地親友甚至陌生人也趕來大打牙祭、聯絡感情，人潮加上車陣總要使交通陷入癱瘓。

但這兩年各大寺廟不論是選頭家爐主，或作醮、慶祝聖誕的大拜拜

〔註13〕洪淑惠，〈海城隍今誕辰　熱到最高點　范謝將軍暗訪"拚館"到凌晨　城隍下午出巡車輛請先繞道〉，《聯合晚報》第 10 版「臺北市」，民國八十年（1991）六月二十四日。

流水席規模都有縮小趨勢。塞車太苦及臺北地區民眾對吃拜拜熱情
降低是主要原因：做主人歷經找不到客人，甚至為搶客人翻臉相向
的經驗，辦桌的興趣也相對降低，桌數也予減少。〔註14〕

中華電視臺的新聞性節目「大櫥窗」於六月二十一日下午一時將播出臺
北罕見的民俗景觀「霞海城隍渡臺一百六十週年」與「電影業者的自清和自
律」兩單元。華視所發布的新聞是說：

今年農曆五月十三日，是迪化街城隍老爺渡臺一百六十週年的盛
典，來自全省各地的善男信女爭相在路邊設置香案，磕頭跪拜，為
這個古老的臺北舊街，帶來空前的盛況。「大櫥窗」製作單位特別
拍攝了這場迎神賽會的民俗景觀，在節目中播出。〔註15〕

二、1982 年

大稻埕已經成為臺北市的舊市區，跟全世界的舊城區一樣，面臨到舊市
區改建的問題。怎樣改造？卻是一個大難題。尤其我們奉行私有財產制度，
要大片土地的拆建，是根本不可能的事。每一家屋要自行改建，就需要有足
夠的財力和維護古建築的知識，以及相關的建築法令。

首先是都市計劃的細部計劃需要做適當的調整。五月初，臺北市政府配
合延平舊市區都市發展，完成修訂民生西路、重慶北路、鄭州路、塔城街、
忠孝西路、環河北路所圍地區細部計劃，即日起公布實施。〔註16〕這一次調
整把霞海城隍廟由商業用地改為古蹟用地。

這一年聯合報沒有刊登任何有關霞海城隍誕辰的消息。民生報在七月二
十二日的影劇新聞版報導，中國電視公司的「周四掃描線」，在二十二日晚間，
播出著重民俗與戶外活動的三個單元，分別是「海邊仙呂」、「模型飛機」、「霞
海城隍誕辰」。在「霞海城隍誕辰」單元，將播出霞海城隍爺生日時神明遶境
的盛況。

〔註14〕 洪淑惠〈塞車麻煩　吃拜拜熱情降溫　流水席“辦桌”漸沒落〉，《聯合晚報》
　　　　第 10 版「臺北市」。民國八十年（1991）六月二十四日。
〔註15〕〈華視：「大櫥窗」今討論電影業者的自律〉，《民生報》第 7 版「醫藥新聞」，
　　　　民國七十年（1981）六月二十一日。
〔註16〕〈為配合延平舊市區發展　市府修訂都市計劃　即日開始公布實施〉，《聯
　　　　合報》第 7 版，民國七十一年（1982）五月五日。

三、1983 年

臺北市政府民政局一直想要端正禮俗，改善社會風氣。鑒於新春期間，到各地大廟燒香的人群眾多。因此，特別在幾個大廟內，設置廣播站，宣導「國民生活須知」和「國民禮儀範例」。配合這項活動的寺廟計有：慈祐宮、奉天宮、松山寺、承天宮、光華寺、寶藏岩、十普寺、廣照宮、龍山寺、天后宮、青山宮、善導寺、霞海城隍廟、法主公廟、普濟寺、保安宮、行天宮、開漳聖王廟、三清宮、指南宮、集應廟、慈誠宮、行天宮北投分宮、關渡宮、照明宮、慈惠堂。民政局表示，宣導工作在月底結束，若效果良好，將推廣到其他公共場所。〔註17〕

二月，消息傳出，臺北市政府都市計畫處有意將迪化街規劃為特定區，保存其原有的建築風貌。迪化街是臺北市延平區一條長約一公里，寬僅七點八公尺的狹小道路，在市區交通功能上地位並不顯著。不過，當地的商店經營南北雜貨、山產、海產、布匹、藥材等，至今仍是全市批發貨交易最具活力的地區。尤其這條街曾為清末和日據時期鼎盛一時的大稻埕港埠之中心，街道兩旁的建築有非常濃厚的閩南傳統風格，以及日據時代的建築特色。這是都市計畫處有此構想計畫的主要考量。〔註18〕

市政府工務局副局長兼都市計畫處長黃南淵強調：迪化街的建築是目前臺北市唯一保留最完整的中國傳統街坊。士林地區雖然也有一些古老建築，但不夠完整。因此，都計處在去年通盤檢討全市的土地使用分區時，認為有必要將該地區列為一個特定區。

對於這個構想，臺北市文獻會卻有不同的意見。劉曉東組長表示：對古蹟的認定，至少要有一百年以上的歷史，同時對當時的文化、社會具有重大影響者。目前迪化街上只有一座在清咸豐三年建造的霞海城隍廟被列為古蹟保存，至於其他建築，文獻會從來未曾討論過。〔註19〕

六月十七日，臺北市長楊金欉在七十二年度臺北市寺廟負責人聯誼會上，頒獎表揚捐資興辦公益慈善事業績優寺廟，對他們不僅提供市民精神上的寄託，勸導市民行善，更要出錢出力照顧需要照顧的人，表示敬佩和謝意。

〔註17〕〈借重寺廟廣播　宣導生活須知〉，《聯合報》第7版，民國七十二年（1983）二月十八日。

〔註18〕〈迪化街畫為特定區？　保存傳統　走向現代　見仁見智〉，《民生報》第1版「焦點新聞」，民國七十二年（1983）二月二十六日。

〔註19〕同上註。

受獎的寺廟爲行天宮、華嚴蓮社、天后宮、艋舺龍山寺、善導寺、關渡宮、松山慈祐宮、聖靈寺、保安宮、臺疆樂善壇、法光寺、霞海城隍廟、覺修宮等十三所。

這一年只有一條簡單的消息報導霞海城隍的祭典。告訴民眾城隍爺誕辰將屆，前兩天晚上七時起，由七爺、八爺帶領兵丁暗訪，頭一天夜巡延平與大同兩區；後一天夜巡延平、建成兩區。誕辰當天下午一時起，霞海城隍爺的神像繞行延平、建成、大同三區，有三十多個團體參加。隊伍預計長達三公里，將於傍晚六時結束。〔註20〕

另有一條消息報導有一家中藥房在慶典期間，每天提供兩桶以上的青草茶，做爲「奉茶」，供民眾飲用，以後年年如此。〔註21〕

四、1984年

這一年只有一則簡單的新聞報導，抄錄如下：

> 今日是霞海城隍統一祭典的日子，臺北市延平、建成、大同及中山區的寺廟及善男信女，原定下午舉行迎神賽會，但因今天下午二時卅分，北部地區實施「萬安七號」防空演習，所以提前在昨天祭拜城隍、卅八義勇公、文武二判，牛馬二爺及謝、范二將軍。昨天下午二時，臺北市延平等四區部分街道，因迎神賽會使有關道路造成壅塞現象，經交通大隊與轄區分局警員疏導，至下午四時卅分才恢復正常。〔註22〕

這裡所說的「霞海城隍統一祭典」，是說臺北市有兩間霞海城隍廟，一間是本文所敘述的大稻埕霞海城隍廟，另一間是松山霞海城隍廟。兩間廟的城隍誕辰都是農曆的五月十三日。

五、1985年

二月，中原大學建築系受臺北市政府的委託，於進行一年的研究後，於

〔註20〕〈「霞海城隍」廿三日誕辰　七爺八爺暗訪遊行　有卅多個團體參加〉，《聯合報》第7版，民國七十二年（1983）六月二十日。

〔註21〕〈特製奉茶〉，《聯合報》第12版「萬象」，民國七十二年（1983）七月二十四日。

〔註22〕高鴻飛〈迎神賽會祭城隍〉，《聯合報》第7版，民國七十三年（1984）六月十二日。

二月二十五日向市府提出「臺北市都市景觀計畫研究」。在做簡報時建議：市府應闢建市區整體徒步系統路網，藉此整頓以行人為優先的環境品質，並實施顯現本市歷史意象及自然意象的計畫，勿使埋沒，同時創造和諧的都市空間，以創造一個優良的都市景觀。

　　在這個研究案的報告中，建議在中山堂前、祖師廟、萬華火車站、迪化街入口及霞海城隍廟、頂好、國父紀念館及市政中心前等廣場，開闢以行人為優先的徒步廣場。但是霞海城隍廟面臨的迪化街只有 7.8 公尺寬，並沒有足夠寬大的空地。在這個建議下，以後在整建時，勉強拓出一個小廣場來。〔註 23〕

　　元宵節，臺北市有花燈遊行活動。霞海城隍廟提供花車一輛，主題是「精忠報國」。〔註 24〕

　　沒有任何與霞海城隍誕辰祭典有關的報導。

　　六月十日在《經濟日報》刊出一篇詳述大稻埕行業結構變化的報導，由記者陳祖熹執筆。這篇報導在標題上，就畫龍點睛的把布店、南北雜貨店、中藥店的興衰變化，做了總括說明，是這樣寫的：〔註 25〕

> 迪化街的演變成就了三個專業區。現在布商「改道」麋集環河北路，
> 歸綏街「收容」了南北貨商，中藥商「接收」了他們原來的「地盤」。

全文如下〔註 26〕：

> 儘管大臺北市區內，多數熱門地段的房地產在經濟不景氣的陰影籠罩下，無論租金及房屋售價均呈低迷不振，但是屬於老商業區的部分地段，卻因已經形成標準的專業街，店面商業景觀普呈欣欣向榮。
>
> 這些老商業區，商業景觀最蓬勃的地段是延平區的迪化街、歸綏街、環河北路的一部分。
>
> 三年前，當迪化街首段永樂市場被拆除，決定重建時，原來在該市場的六大賣店，透過有關單位協調後，均移至第九水門附近環河北

〔註 23〕〈給臺北市一個活潑可喜的面貌！　中原大學建築系建議建歷史軌跡街道〉，《聯合報》第 7 版，民國七十四年（1985）二月一日。

〔註 24〕〈北市花燈車陣遊行　今晚開始活動四天〉，《民生報》第 1 版「焦點新聞」，民國七十四年（1985）三月三日。

〔註 25〕〈專業街物換星移　老商業區話滄桑〉，《經濟日報》第 10 版，民國七十四年（1985）六月十日。

〔註 26〕同上註。

路上營業，而使環河北路從長安西路的交會口至民生西路交會口，
密佈了將近二百家左右商店。

由於這些商店，銷售商品十分之八是布匹，因此目前已被全省成衣
加工廠認為是淡水河堤邊最密集的布匹專業街。

在這條布匹專業街中，有一個最大特色是最近河堤邊的外環商店是
不必支付房租。雖然每家商店縱深有限，但是它的業務狀況卻很不
錯。由於這些商店帶來不少客戶，遂使原來是怡和商行及德記洋行
的舊址靠近貴德街部分，目前亦密密麻麻開了不少布店，整條環河
北路的某業店或中藥店，遂被布店逐步取代。

這條布匹專業街外環商店是屬於臨時性建築，當永樂市場新建大樓
開始啟用時，其外環商店將面臨被拆除命運。不過由於從這個地區
可以循環河北路的快速道路，與全省各地進行布匹交易。因此靠近
環河北路內環未被拆除的布店，其未來發展遠景仍然甚佳。

迪化街從霞海城隍廟至民生西路的這段，在光復前是永樂町南北貨
專業街，近年來由於房租年年上升，使得原來在此開店營業的布店、
南北貨店，不堪租金太高，紛紛遷徙營業，而改由中藥商承租這段
地區的店面。因此目前這一路段乃成為整條迪化街中，中藥店聚集
最多的專業街。這段路線會被中藥商視為熱門地段，主要是店面寬，
每家商店面積又大，平均每間商店面積在六十坪至七十坪間，不只
可供營業用，亦可以兼作倉庫儲存貨物，所以各中藥商肯加高租金
承租。於是原來在此營業的南北貨行或布行，在無法與中藥商競爭
下，自然要退出此地。

這些南北貨商遷址營業的地點，是集中在距離迪化街不遠的地段，
而以新近拓寬的歸綏街最理想，因此當今年歸綏街從二百五十三號
至三百號這段路面被拓寬為十米道路時，道路兩傍立即聚集了將近
五十家的南北貨行。

這條路段店面有個特徵是店面的面積普遍不大，最小為五坪，最大
只有二十餘坪，但是每家店面月租金未超過五萬元。由於其租金比
迪化街上段便宜，一般南北貨行對於這種租金負擔認為還算不大，
均踴躍來此開店營業。再加上從歸綏街經環河北路，可以經高速公

路，運貨至全省各地。因此這一地段對南北貨商經營而言，其未來發展比迪化街更具潛力。

這三條專業街的商店，有個共同特色是生意的經營是以白天為主，一旦太陽下山後，各家商店立即打烊，沒有購物人潮。店面部分租金與二樓、三樓住宅部分的租金相差甚為懸殊。所以在這個地區，遂有一樓店面有人搶著租，二樓以上反而無人問津的現象發生，而成為延平區商業景觀最奇特的地區。

六、1986 年

聯合報、民生報、經濟日報、聯合晚報這四家報紙，都沒有任何有關霞海城隍廟的報導。

七、1987 年

只剩一則看笑話式的報導。由記者李漢昌執筆。標題為「看笑話」，通篇報導也是用開玩笑式的口吻來做報導，是很少見的現象。抄錄於下：

> 七爺、八爺怎麼戴著面具和帽子和遊街？原來是昨天是延平區霞海
> 城隍廟大拜拜，中午舉行遊行，不料天公不作美，下了一場大雨，
> 信徒於是替七爺、八爺戴上帽子和頭罩，以免淋壞了昂貴的頭飾。
> 〔註27〕

過了十三天，李漢昌在另一篇特稿詳細的探討臺北市的「北三區」——建成、延平、大同三區如何更新的問題〔註28〕。在文中指出，北三區難以更新的幾個一時不易克服的難題。這些地方曾經是全臺灣最繁華的商業區，可是街道狹窄、巷弄曲折、房屋老舊、採光通風與綠化都不良，更缺乏停車場，以致不能跟後起的新市區相比，人口不斷的外移。

這個地區仍保有的特色，包括：（1）迪化街的古老建築，及附近的南北雜貨、中藥、布匹批發生意。（2）延平北路的金飾店及新娘禮服商店。（3）建成圓環、重慶北路一帶的夜市。（4）太原路一帶的五金、汽車零件集散商

〔註27〕李漢昌，〈傷腦筋〉，《聯合報》第 6 版「臺北市民生活版」，民國七十六年（1987）六月九日。
〔註28〕李漢昌，〈重建北三區　在進步中保持傳統特色〉，《聯合報》第 6 版，民國七十六年（1987）六月二十二日。

店。（5）孔廟、保安宮、老師府、霞海城隍廟等古蹟或文教建築。（6）江山樓餘孽的私娼，還有藏在按摩院的色情活動。

在自由經濟體制下，只要環境合適，再窳陋的地方都能被商業發展帶動更新，但北三區的老房子大多仍保持舊觀，這是什麼原因呢？

都市計畫學者指出，現有的建築及都市計畫法令考慮不夠周全合理，扼殺了當地地主更新建築的機會。例如，依規定非都市計畫道路靠路邊的建築，必須面臨四公尺以上寬度的道路，才能申請建築執照，但這些地區的老巷道往往都只有一、兩公尺寬，根本不能改建。

其次是容積率的限制。舊時的建築基地往往十分狹長，依照市容規定的容積率，以及現代人對建築空間的要求，這種狹長基地根本蓋不成像樣的房子。

李漢昌在文中提出他的看法。藉口地方人士的希望，建議市政府有關單位組成專案小組，徹底研究解決這三個行政區的問題，包括修改法令，規定建築基地面積不得小於三千或五千平方公尺，以及幫助重劃土地。同時免除一些不適合當地使用的建築法規，以及決定採用何種辦法解決複雜的產權爭議等。等到政府的大原則決定了，民間自能互相協商如何重新改建大樓及分配所得，例如抽籤決定誰擁有店面，未得店面者可多分幾層樓上房屋等，建築師則可依建築法規，設計出合理又美觀的生活空間，並依規定留設停車場等，解決所有的問題。

延平區公所主任秘書王更生認為，迪化街的商業特色仍可保留，他建議市府協助取得一些鐵路新生地，改建大樓商場，把迪化街附近的南北雜貨、布匹、中藥生意都挪到該商業大樓進行；至於迪化街具古風的建築，在都市計畫道路開闢後，門面大多都要拆除，屆時如要重建，希望規定仍能保持原來的風味。

到了年底，淡江大學建築研究所接受臺北市政府的委託，將臺北市現有資源，就其自然地理、旅遊據點分佈及交通網路，劃分為八個短程旅遊系統，提供市民從事半日至一日遊的最佳路線。這個計劃是由謝有文教授主持。這項研究結果，所提供的八大短程旅遊系統之中，其中有一項是「舊城訪古賞心之旅」。建議市民先搭車至龍山寺，再乘車往青年公園，園內遊玩野餐後，乘車經中正紀念堂，再往建國花市賞花。或在龍山寺參拜後，至附近古蹟寺廟，有地藏庵、青山宮、艋舺清水巖、學海書院、承恩門（北門）、霞海城隍廟、陳德星堂參

觀，再往中正紀念堂，欣賞現代與傳統建築不同風貌。〔註29〕

八、1988 年

　　李登輝成為中華民國第一次直接民選出來的總統。上臺後，一如蔣經國總統的親民作風，在年關前巡視各地，向民眾拜早年。報載：〔註30〕

　　二月十三日下午二時十五分李總統由臺北市長許水德及建設局長譚木盛陪同到永樂市場巡視，李總統與市場攤商親切打招呼寒暄，詢問今年的生意好不好，永樂市場攤商及附近永昌街的居民，對李總統的造訪感到十分興奮，夾道歡呼並向李總統問好。

　　李總統在永昌街曾定理命相館前，與曾家的人寒暄時說，他的八字好像是曾家的祖父或是曾祖父排的。接著李總統到迪化街霞海城隍廟參觀。霞海城隍廟是臺北市一座近二百年的古剎。民國七十年農曆除夕，李總統當時擔任臺北市長曾到該廟參觀，李總統昨日再度光臨。他問城隍廟住持陳明正，是否還記得八年前他到過此廟？陳明正說記得。

　　李登輝總統在城隍廟神壇前行個禮後，續由許水德市長陪同巡視迪化街，由於年關將屆，迪化街擠滿購買南北貨與年節食品的人潮，李總統頻頻與採購年貨的民眾握手，並向大家拜早年。

　　這一年，民生報對於霞海城隍誕辰慶典的暗訪和當天的迎神遊行各做一次報導。六月二十五日的報導是說：〔註31〕

　　繼「三月瘋媽祖」之後，另一與北港媽祖併稱「南北兩大」迎神賽會活動的「臺北霞海城隍爺」誕辰，昨天由「暗訪」活動，揭開序幕。天兵、天將、軒社陣頭和男童扮作的城隍，撐黑傘、穿草鞋遊行，盛況將持續到今天，並於明天達到最高潮。

　　臺北霞海城隍廟為臺灣最早奉祀霞海城隍的廟宇，每年農曆五月十

〔註29〕　〈元旦假期何處逍遙去？　八項短程之旅可考慮！〉，《聯合報》第 6 版「臺北市民生活版」，民國七十六年（1987）十二月三十一日。

〔註30〕　〈李總統深入民間　拜早年閒話家常　昨天訪問板橋榮家等四個地方〉，《聯合報》第 2 版「國內要聞」，民國七十七年（1988）二月十四日。

〔註31〕　〈霞海城隍爺出巡　陣頭踩熱大稻埕〉，《民生報》第 14 版「文化新聞」，民國七十七年（1988）六月二十五日。

三日（今年爲國曆六月廿六日）城隍出巡，不僅有中南部進香團熱烈參與，其遊行「陣頭」更堂皇可觀，爲臺灣北部規模最大的民間信仰活動，素有「五月十三人看人」之稱。

今年參與「暗訪」活動的陣頭包括靈安社、平樂社、共樂軒等十個軒社。明天城隍誕辰當天，出動的陣頭數更多，將達十八團，人數達一千餘人。仍依舊例，由歷史最悠久的靈安社「壓陣」。

霞海城隍出巡時，相沿成習發放的「鹹光餅」，今年也訂製了數十萬份。

昨晚起，臺北大稻埕附近已是一片燈海，廟會盛況正節節高昇。

至於城隍爺出巡當天的情形，有如下的報導：〔註32〕

北部規模最盛大的迎神活動——霞海城隍爺出巡，昨天下午一時起，在臺北市舊市區——大同、建成、延平等三區，掀起民間信仰的高潮。

結集十八個軒社、一千餘人的陣頭，迤邐三、四公里長。沿途人群爭看，鞭炮震天，每至一處寺廟，行進中的各軒社必須停留表演，以示慶賀，因此行進緩慢，傍晚七時過後，才抵終點解散。

昨天，中南部進香團及善男信女早把迪化街城隍廟，擠得水洩不通。由靈安社壓陣的出巡隊伍，約下午四時許才抵達，沿途交通受阻泰半。

昨天的陣頭雖不及光復初期「五月十三人看人」的盛況，但可觀處仍多。常見的南管、北管、牛犁歌、八家將、七爺八爺、黑白判官、舞龍等，各擅其場。大稻埕廟會最著稱的「藝閣」，也出現在行列中，由十數名男女孩童扮作天仙、神童，吸引不少眼光。霞海城隍爺誕辰爲本省規模僅次於北港媽祖誕辰的迎神活動，雖然昨天下午天公不作美，傾降雷雨，但出巡隊伍精神抖擻，赤身花臉的八家將，尤其愈淋愈振奮。

昨天出巡陣頭氣氛熱烈沸騰，但老市區外的臺北市民，多數無緣目睹。

〔註32〕〈霞海城隍爺冒雨出巡　臺北老市區熱烈迎神〉，《民生報》第14版「文化新聞」，民國七十七年（1988）六月二十七日。

　　從七月十日起，臺北市民政局會同臺北市建築師公會的古蹟小組一起勘察了臺北市十四處古蹟，發現多處古蹟建築內外「違章建築林立，甚至維護不力，任其毀壞」〔註33〕。這次勘察的報告中，對於霞海城隍廟的評語是這樣的：

> 位於迪化街的大稻埕霞海城隍廟，爲本省最老的城隍。每逢農曆五
> 月十三日神明出巡，附近便擠得水洩不通。由於其香火鼎盛，維護
> 情況不錯，但因建物面積僅有一百四十一平方公尺，爲解決祭拜實
> 際需求，廟方搭建鋼棚延伸前殿範圍，並另修旁寺，使之一眼望去
> 無法盡收古蹟全貌。〔註34〕

古蹟小組的楊仁江建築師建議，在政府的輔導下，霞海城隍廟另覓用地，建立分部，仍保存現址總部的古蹟風貌。〔註35〕

　　經過四天的勘察，臺北市政府民政局將內政部核定的十九處古蹟建物維護狀況，作了全盤的瞭解。其中艋舺龍山寺、艋舺清水巖、艋舺青山宮、學海書院、北門、急公好義坊、大稻埕霞海城隍廟、大龍峒保安宮、陳德星堂、士林慈諴宮，以及芝山岩惠濟宮的保存情況，足以開放供民眾遊覽，因此民政局擬儘速將「古蹟之旅」的構想一付諸實施。並與公車處協調，另闢「古蹟專車」，獲得應允，因此著手規劃「古蹟之旅」的路線和旅遊時間。〔註36〕

　　七月二十二日，民政局各單位商議「臺北市古蹟巡禮活動計畫草案」。與會的各有關單位主管都認爲，目前古蹟維護狀況普遍不良、且無經費及古蹟解說員，主張擱置此項巡禮活動計畫。但局長王月鏡認爲，此項活動深具意義，除了可增加民眾對古蹟的認識，還可藉由民眾的參觀、刺激，提昇古蹟維修工作的水準。至於經費等問題可結合社會資源加以解決。她指示承辦人員儘速將此草案送請內政部及古蹟專家指導修正，八月中旬起先行試辦三個月。

　　王月鏡局長在會中指出：「古蹟之旅活動構想係屬突發，未能在民國七十八年度預算中編列經費，整個計畫又不符合申請動用第二預備金的規定，所

〔註33〕　〈古蹟內外‧違建林立　如欲保存‧須有魄力　楊仁江建議訂定斷代特徵　維
　　　　　修後可顯現出當時風貌〉，《聯合報》第 14 版「臺北市民生活」，民國七十七
　　　　　年（1988）七月十三日。
〔註34〕　同上註。
〔註35〕　同上註。
〔註36〕　〈古蹟之旅　民政局積極規劃　闢專車不成問題〉，《聯合報》第 13 版「臺北
　　　　　新聞」，民國七十七年（1988）七月十四日。

以該局已與文建會文化資產學會，以及觀光局第七科有所接觸，原則上文化
資產學會和觀光局願意與民政局聯合試辦此項古蹟之旅，所以活動所需的經
費及人力大致上沒有困難。」〔註37〕

　　臺北市列管的十九處古蹟之中，地藏庵、布政使司衙門、陳悅記祖宅、
圓山貝塚、周氏節孝坊等五處毀損情形嚴重，必待維修後才可供民眾觀賞；
因此暫時不排入古蹟之旅的路線。計畫中擬定的路線分別為：（1）南線，有
承恩門、學海書院、清水巖、青山宮、龍山寺、黃氏節孝坊、急公好義坊、
集應廟等八處；（2）北線，有陳德星堂、霞海城隍廟、大龍洞保安宮、士林
慈誠宮、隘門、惠濟宮等六處。

　　民政局並向交通局公車處租調兩輛大型自強公車（冷氣公車），在試辦
期間，每逢週日、例假日上午八時卅分、下午一時卅分兩段時間，由新公園、
中山堂二處起訖點，依南北兩線同時出發，並分別於中午十二時卅分、下午
五時卅分返回起點，往返全程計四小時。乘車收費標準則未定，但老人、殘
障乘客一律憑證件免費優待。

　　民政局並擬與大學相關科系研究所合作，請其推薦研究生，經專業講習
訓練後，擔任專車古蹟解說員，以教育的方式使民眾深一層認識臺北市的歷
史文化。

　　八月，聯合報企劃了「搶救永遠的迪化街」系列報導。由記者陳長華首
先撰文〔註38〕，用非常感性的筆調告訴國人，曾經是全臺灣最繁華的迪化街
將在九月六日之後，由於市政府要拓寬馬路而消失在國人的眼前。她非常感
性的向國人訴說「一個不尊重歷史的國家是沒有前途的」。她強調：

> 前不久，為了館前路土地銀行總行紀念性建築的拆建，關心臺灣，
> 也為過去先民努力覺得驕傲的文化人，從訝然、短暫啞然、之後強
> 力奮起力爭。比起土銀總行建築，迪化街的價值是何其高，不單是
> 無價的建築，人文社會的點點滴滴，更事鮮活的有機體。「拆」她，
> 對一個一直以五千年歷史文化而驕傲的國人，是件難以啟齒，又不
> 可思議的事。

〔註37〕〈古蹟之旅　市府八月試辦　週末假日　專車將載您巡禮　擬聘講員　沿途
　　　　解說其歷史〉，《聯合報》第 14 版「臺北市民生活」，民國七十七年（1988）
　　　　七月二十三日。

〔註38〕陳長華，〈專題企劃報導——現場目擊篇　搶救永遠的迪化街〉，《聯合報》
　　　　第 5 版「文化・藝術」，民國七十七年（1988）八月一日。

歷史學者展望一個國家的未來，得看她有沒有過去，有沒有現在，
兩者齊全才能期盼未來；臺灣有各自豪的現在，但是「過去」只能
溯自鄭成功時代，是短暫的，**伐除迪化街，開了惡例之後，「過去」
將更渺小，對一個不尊重過去的國家，談未來，是奢談。**

於是陳長華細數迪化街的建築的故事，娓娓道來，令人動容。在文末，
她再次強調：

臺北市再也找不到第二條街可以取代迪化街。臺北市再也沒有第二
條街可以像迪化街一樣，處於民眾生活的一部份，又可以擔當先民
文化的史蹟任務。

迪化街也是臺北營造文化觀光街市的最後希望。

迪化街何去何從？將近八公尺寬的路面拓寬為二十公尺對它是一場
「西北雨」，還是萬劫不復的「山洪」？老街靜待伊的命運。

從八月一日到九月底，聯合報一共刊載了九篇專文，我也應邀發表了一
篇文章，略說大稻埕的商業和霞海城隍祭典的關係。〔註39〕。記者陳長華、
張必瑜、王維眞、張伯順四人聯名發表的〈演不盡千般風華韻致〉一文〔註40〕，
詳細述說有那幾位藝術家在此創作了不朽的作品。像郭雪湖的名畫「南街殷
賑」（南街大熱鬧）、李臨秋在此創作了燴炙人口的名歌「望春風」和「補
破網」。京戲是清末和日據時代上流人士的共同愛好，名伶顧正秋在此演出
有一千多個日子。

經過這樣軟性的呼籲，形成輿論的壓力，迫使臺北市政府放棄拓寬迪化
街的計劃，另行規劃舊屋如何翻新，以達到重振大稻埕往昔風光的目標。終
而有現在看到的，經過翻修之後的古式風貌，為舊市區的更新立下良好的典
範。

九、1989 年

如何喚起民眾對大稻埕昔日風華的懷念和認識，已經成為文化人士共同

〔註39〕 宋光宇，〈搶救「永遠的迪化街」 專題之六 霞海城隍篇 商教合一的祭典
盛會〉，《聯合報》第 5 版「文化‧藝術」，民國七十七年（1988）八月六日。
〔註40〕 陳長華、張必瑜、王維眞、張伯順，〈搶救「永遠的迪化街」專題之五 曲樂
藝文 演不盡千般風華韻致〉，《聯合報》第 5 版「文化‧藝術」，民國七十七
年（1988）八月五日。

的心意。樂山文教基金會因應農曆年節將屆，民眾紛紛到迪化街採購年貨的時候，在一月二十九日與二月四日兩天，舉辦「看古蹟，辦年貨」的活動。由臺灣省文獻會主任委員、板橋林本源家的長房、民俗專家林衡道先生帶隊、導遊並作解說。

　　元月廿九日的活動於當天下午一時卅分，在寧夏路蓬萊國小前集合，先參觀臺北市二級古蹟陳德星堂，隨後參觀霞海城隍廟等迪化街建築，採購年貨者可在此停留，不隨導覽隊伍前進。二月四日，正值除夕前夕，集合隊伍改在延平北路慈聖宮前廣場，將從涼州街方向進入迪化街，與廿九日方向相反。〔註41〕

　　這一年，在民生報的「文化新聞版」上，用「懷舊」的語氣來報導霞海城隍廟一年一度的城隍祝壽活動。這則新聞是這樣寫的：

> 農曆五月十三日，臺北大稻埕霞海城隍慶生辰活動，昨晚落幕。自五月一日起到最後三天的高潮，臺北市建成、延平、大同三區，瀰漫著傳統廟會氣氛，與臺北市其他地區繁忙的都會作息，形成強烈對比。

> 迪化街的霞海城隍廟是福建同安移民隨著渡海而來，隨祀的神祇。早年相傳靈驗無比，加上信仰地區為臺北早年商業區，富商釀資辦神明慶生活動，規模宏偉，蔚為全省奇觀之一。

> 近年，由於社區型態改變、傳統宗教活動影響力減弱，使得霞海城隍慶生的規模及吸引力大幅削減，但它仍是臺北地區最具看頭的廟會活動。自五月十一、十二日兩晚的「暗訪」，到十三日當天的「繞境出巡」，出動的陣頭不下十九團、四千人，沿途仍相當受到附近居民的尊重。

> 霞海城隍廟會活動範圍涵蓋延平北路、承德路、南京西路、民生西路、太原路、赤峰街……一帶交叉區域。前晚及大前晚的「暗訪」，是霞海城隍廟會特色之一。穿草鞋、臉上勾繪各式凶煞神明的「家將會」，更是特色中的特色。這些代表陰間神明出來訪察民間疾苦及審理善惡的家將，威武勇猛，耍起陣式來，非常懾人。

〔註41〕　〈採辦年貨一路看古蹟　樂山基金會舉辦活動〉，《民生報》第 14 版「文化新聞」，民國七十八年（1989）一月二十二日。

　　昨天下午一時至七時的繞境出巡，則以陣頭爲特色，民間子弟社團
　　請來的各式文、武陣頭，相當能滿足臺北人傳統的興味。

　　霞海城隍生每年均耗資數百萬元。〔註42〕

　　臺北市政府民政局試辦三個月的全市古蹟巡禮活動，由於民眾反應熱
烈，決定長期舉辦。原先選定十處古蹟：臺灣布政使司衙門、學海書院、龍
山寺、艋舺清水巖、承恩門（北門）、陳德星堂、大龍峒保安宮、陳悅記祖
宅、黃氏節孝坊、急功好義坊等。許多民眾反映，也想一窺其他古蹟的眞貌。
因此，自七月開始擴大舉辦後，巡禮的古蹟將再增加八處：青山宮、地藏庵、
大稻埕霞海城隍廟、周氏節孝坊、芝山岩隘門、芝山岩惠濟宮、士林慈諴宮、
景美集應廟。至於圓山貝塚，由於有關的保存措施尚未完成，暫不開放。

　　民政局將古蹟依地理位置分爲南北兩區，每一區的巡禮可在半日內完
成，若要看遍所有的古蹟，則要搭乘全日遊的巡禮專車，讓民眾在假日巡禮
古蹟時，有更多的選擇機會。目前的巡禮活動，僅在週日的上、下午各開一
班專車，而且所能看到的古蹟只有十處，不能滿足民眾熱烈的需要。

　　民政局並計畫把臺北市一些具有紀念性質的建築，如林安泰古厝、孔廟
等，也納入古蹟巡禮的範圍，並聘請了廿六位解說員，爲民眾服務。想要參
加的民眾，可打預約專線電話七一三一六一〇號或五一一五六五三號。〔註43〕

　　這一年，與霞海城隍廟關係密切的靈安社也發生了勞資糾紛。每年城隍
生日的時候（農曆五月十三）靈安社出動大批人力、物力、財力來「壓陣」，
所出的隊伍包括神將隊、神轎隊、北管團、十音會、旗隊……等，浩浩蕩蕩，
一直是最有看頭的行伍。這次解散，據瞭解是勞資關係破裂所引起的。靈安
社轄下北管藝員爲數十位，均是社長施合鄭關係企業旗下的員工，由於不滿
「出陣」頻繁及工作上相關困擾，集體離職。靈安社北管團因此而喪失了十
位成員，形同瓦解。因此在去年八月即宣佈解散，並不再聘請戲曲老師。今
年「城隍生」，靈安社仍出動百餘人陣頭，但其中負責吹打的北管團聘自基
隆、桃園一帶。預料明年靈安社週年慶時，仍需聘請外來「打手」，才撐得
住場面。〔註44〕

〔註42〕〈霞海城隍生辰　家將會懾人　大稻埕年度活動　都會瀰漫傳統味〉，《民生
　　　　報》第14版「文化新聞」，民國七十八年（1989）六月十七日。
〔註43〕牛慶福，〈古蹟巡禮擴大18處　分三路線兩時段進行　26位解說員服務〉，《聯
　　　　合報》第14版「臺北市民生活」，民國七十八年（1989）六月二十日。
〔註44〕〈勞資糾紛波及霞海城隍　廟前北管子弟團悄悄解散〉，《民生報》第14版「文

　　臺北市政府都市計畫處委託樂山文教基金會進行「迪化街特定專用區現況調查及發展可行性」。在結案報告中指出：臺北市迪化街藥材、布疋、南北貨三大產業，隨著經濟環境變遷和房地租金等因素影響，中藥藥材行可望稱霸迪化街，布業的前景不樂觀，而南北貨業者數量可能增加，但將轉往邊陲地區發展。迪化街其他行業：種子行、家具店、五金店和繡莊、佛具店。除繡莊、佛具店依附霞海城隍廟生存外，並他行業都將隨臺北都會化，市場逐漸消失，或由其他產業代替轉入巷道，或改營南北貨。總之，這些產業註定要因這個地區租金日高而被迫遷移。〔註45〕

十、1990 年

　　內政部終於同意對各地方政府的古蹟維修費用提供一半的補助。臺北市政府終於首度核准民政局編列五百多萬元的古蹟規劃維修費，使臺北市多處殘破的古蹟重獲生機。民政局指出：〔註46〕

> 自內政部民國七十一年頒布文化資產保存法後，民政局雖每年都針對臺北市內亟需維修的古蹟編列有維修規劃費，但都遭預算審查小組以無此需要為由而予以刪除，致使這些古蹟在缺乏良好維修情形下益形殘破。許多關心古蹟的學者專家為此憂心不已，唯恐臺北市僅有的少數珍貴文化資產就此湮滅。幸好在內政部的支持下，臺北市古蹟保存問題終於在今年獲得正視。

> 由於內政部「臺閩地區古蹟修復第一期三年計畫」中所列入的臺灣布政使司衙門、大稻埕霞海城隍廟和圓山遺址等三處古蹟中，臺灣布政使司衙門已經中央補助進行規劃修復，霞海城隍廟屬迪化街專業特定區，亦可望獲文建會之補助修復，圓山遺址則因國內缺乏此方面專家而正向國外求才，因此民政局計畫將下年度五百多萬元的古蹟規劃維修費運用於其他亟待維修的古蹟，計將對陳悦記祖宅、

化新聞」，民國七十八年（1989）七月八日。

〔註45〕洪淑惠，〈迪化街三產業互見消長　中藥可行望稱霸；布業前景黯淡；南北貨往邊陲地區發展〉，《聯合晚報》第 11 版「北臺灣」，民國七十八年（1989）七月三十日。

〔註46〕羅玉蓓，〈內政部同意提供一半補助　規劃維修費用　市府首度核准　殘破古蹟重獲生機〉，《聯合報》第 13 版「臺北要聞」，民國七十九年（1990）三月六日。

保安宮、芝山岩隘門、芝山岩惠濟宮等四處古蹟進行維修規劃，並修復周氏節孝坊。

三月十二日，樂山文教基金會舉辦有關迪化街設立「特定專用區」構想的說明會。大稻埕的居民提出七項建議：〔註47〕

1. 設定「大稻埕特定專用區」，並對過去商業區、住宅區的畫分，重新檢討。

2. 當地為批發性商業，交通規劃應優先考慮上下貨的方便。

3. 由當地居民組織委員會，積極參與研究規劃。

4. 現有居民原有的土地權益，不可犧牲。

5. 兼顧大稻埕地區原有的文化、商業特色。

6. 考慮大稻埕與淡水河的歷史關係。

7. 請規劃單位在本區設立工作據點，隨時觀察環境變化，進行研究。

在說明會中，有部份居民持反對的意見，認為迪化街的古蹟早就消失了，現在只有拓寬馬路，才能使商業繁榮。霞海城隍廟的代表則抱怨，由於受現行文化資產保護法限制，城隍爺頭頂上的樑雖然隨時有傾圮的危險，但也無法整修，屆時神明自己無法保佑自己，會讓人笑。

研究單位之一的臺大城鄉所，所長夏鑄九教授在會中表示，迪化街的歷史價值已無庸置疑，在保存時，它不應擔任交通幹道的功能。同時市府應解決目前已甚嚴重的周邊停車問題，讓迪化街具備基本有利因素發展。未來市府並應參考國外方法，針對每一戶屋宅的現狀、需要，給付或補償地價稅、修繕費，並減免土地稅。夏鑄九的建議後來成為重建大稻埕的主要理論依據。〔註48〕

四月七日，音樂家馬水龍在國家音樂廳演奏他的作品「霞海城隍廟會」。〔註49〕

這一年，對於「暗訪」，有一則報導。在報導中，特別提到一些改革的措施。那就是出現了電動的鼓亭，以卡車代替抬轎。同時電動燈泡的閃爍，也

〔註47〕江中明，〈中日會診迪化街！　市府的決心在哪裡？　溝通現場：住戶感謝學者支持有心維護疑慮難除〉，《聯合報》第17版「文化‧藝術」，民國七十九年（1990）三月十三日。

〔註48〕同上註。

〔註49〕邱婷〈林肯中心那場　深具歷史意義　馬水龍樂展　搬到臺北奏〉，《民生報》第14版「文化新聞」，民國七十九年（1990）三月二十四日。

與古早的油燈不相搭配。〔註50〕

有關城隍爺出巡這件事的報導中，透露出一件無可奈何的事。那就是軒社的人力大不如前。為了湊足陣勢，要向其他團體借將。以北區歷史最久、規模最大的靈安社為例，這次出陣除了什音、神轎、神將為靈安社會員（子弟）外，北管、龍隊均請專業團體支援，靈安社的老社長施合鄭無奈地說：「過去一千人都沒問題，現在兩百人，用錢還要拜託！」由文化大學跨入民間活動的楊臺雄則認為這未嘗不是好事，當子弟萎縮、人力不濟時，仰賴專業遊藝團體補充反更能靈活調度。

七月，文建會答應補助八十三萬元經費給臺北市霞海城隍廟作修護工作，臺北市政府民政局利用文建會提撥的這筆經費，邀請臺大建築系教授徐富健重新規劃，將霞海城隍廟旁邊的永樂市場停車廣場，一併納入規劃範圍，使這座位於迪化街永樂市場旁的三級古蹟寺廟，成為今後臺北市迎神廟會的最大據點。民政局表示，未來這一廣場配合城隍廟廟會，將可成為臺北市最大的廟會活動場所，讓漸漸失去傳統風味的臺北市，拾回一些歷史記憶〔註51〕。這種態度已完全不同於十年前民政局那種盛氣凌人的態勢。

十二月中，東歐捷克布拉格交響樂團來臺灣巡迴演出。十六日和十七日在臺北市國家音樂廳演出。演奏的曲目包括馬水龍的作品「霞海城隍廟會」。由香港的作曲家林樂培執筆所寫的樂評是這樣寫的：

> 「新象活動推展中心」真是了不起，居然可以將一個共產國家的交響樂團搬上國家音樂廳的舞臺上。現實地打破了政治界限，只為了東西方文化交流的崇高藝術理想。

> 17日晚上的國家音樂廳，聽眾坐得滿滿的，掌聲與喝采聲更是激烈澎湃，顯示臺灣有很多聽眾需要這類文化活動。

> 我覺得臺灣的音樂水準，無論在創作、演奏、欣賞與推展方面，這幾年來都突飛猛進，各方面的專業人才愈來愈多。要在適當的環境與場地上給他們發揮、吸收、參與和享受，也應該受到地方領導人的重視和合作，因為「文化」是一個國家安定繁榮的最佳表現。17

〔註50〕〈城隍爺暗訪真時髦 穿街遊巷卡車取代坐轎〉，《聯合報》第17版「文化．藝術」，民國七十九年（1990）六月四日。

〔註51〕施靜茹，〈文建會撥款補助修護霞海城隍廟〉，《聯合報》第15版「臺北市民生活」，民國七十九年（1990）七月二十日。

日晚上我最欣賞的是布拉格交響樂團的指揮：彼德・奧崔希特。一位瀟灑英俊、兼有英雄氣慨與俠骨柔腸的純情音樂家。他的一舉手一投足都充滿音樂細胞，手法清楚俐落，毫無多餘的做作，是整個人化作音符的跳動，牽引著整個樂團一百多人齊上高峰、齊落深淵，這種功力在柴氏的「悲愴」中發揮得淋漓盡致。我更加喜歡他演繹馬水龍教授的「霞海城隍廟會」，整首樂曲層次分明、高潮起伏得理智而不過火。他一定對樂曲下過苦功，整首樂曲瞭若指掌，無怪乎馬水龍在音樂會後感到非常滿意，這種敬業精神與交流愛心是不易求的。

演繹一首自己不熟悉的新作品是難乎其難的。這種現象在香港管弦樂團的客席指揮家中如鳳毛麟角。他們情願演奏耳熟能詳的未完成交響曲，也不願沾指本地作品。在這種情況下，如何能建立自己的文化基礎與特徵呢？在一次漢城的國際音樂節中，我發現到凡是外來的交響樂團必與當地演奏家合奏一首協奏曲；凡是外來的指揮家必演繹一首當地的作品，這才是真正的交流，也是提倡和重視自己文化建設的最實際而具體的辦法。（作者是香港作曲家，香港大學駐校音樂家）〔註52〕

十一、1991 年

民國八十年的元旦，中華電視臺在早上 7 點「早安今天」節目介紹霞海城隍廟建廟 170 周年的相關消息。

霞海城隍廟本身正在舉行五朝祈安建醮大法會。預定的重要科儀程序是1990 年 12 月 26 日（農曆 11 月 10 日）豎燈篙，30 日啓醮，1991 年 1 月 1 日下午放水燈，2 日上午拜天公，下午普渡，3 日解運赦罪、5 日文昌科儀，6日第 2 次拜天公、普渡，圓滿完成，謝燈篙。在永樂市場前的小廣場上，設立主壇「天公壇」和「佛祖壇」。

在元旦這一天，進入最高潮。大稻埕八個軒社的陣頭，前一天下午沿著大同區重要馬路繞境遊行，信徒擠得水洩不通爭看熱鬧。傍晚六時，在中國海專附近放水燈普渡孤魂野鬼，更成為整個法會最有看頭的節目。

〔註52〕林樂培〈《樂評》不可多得？聽「捷克布拉格交響樂團」演奏有感〉，《民生報》
　　　　第 14 版「文化新聞」，民國七十八年（1989）十二月十九日。

這次建醮是為了慶祝福建省同安縣霞海城隍爺渡海來臺一百七十年，迪化街永樂市場廣場上搭建大醮壇，為期兩週的活動包括有卅位道士輪流誦經祈求國泰民安。一連演出八天的酬神戲。而元旦當天的陣頭神輿遊行和放水燈，則為法會的重頭戲。

這一次陣頭神輿遊行的隊伍是由大稻埕歷史悠久的各軒社，以舞龍、獅陣、鼓陣、神將、神轎和民間技藝陣組成。沿著迪化街、南京西路、延平北路、民生西路、西寧北路出巡繞境。所到之處，鑼鼓、鞭炮喧天，善男信女均虔誠拈香膜拜，也造成當地交通阻塞。

最引人注目的是，除了全省城隍爺齊聚陣頭行列中外，大陸霞海城隍祖廟的城隍爺，也被請來參加遊行。另外還有十六尊七爺八爺威風凜凜在隊伍中出現，聲勢非常浩大。〔註53〕

建醮法會於一月六日在普度、謝燈篙等儀式中，圓滿落幕。八天期間一共吸引各地祭拜及參觀人潮約兩萬五千人次。參與鑑醮的神明約兩百尊，總經費估計約花費六百萬元到七百萬元左右。報上說，「比起各地建醮的花費而論，這次建醮尚稱簡約樸素。」

建醮的最後一天，依例普度，犒賞各方神鬼。廟方前晚在「佛祖壇」旁加蓋「主普壇」，並擺設供桌，供善男信女普度。前一天下午兩點鐘起，普度的人群壅塞熱鬧。下午五點，佛道兩壇同時謝燈篙。佛教法師還隨即到九號水門邊燃燒法船及玲瓏寶塔，表示送走孤魂野鬼。至於滯留人間不願回陰界的冥鬼，獻演酬神戲的「陳美雲歌劇團」在開演前還跳了一段「跳鍾馗」，由鍾馗把這些頑劣不冥的鬼驅逐出境。

臺北市長黃大洲於元月六日上午十點參加廟方舉辦的「祈安建醮典禮」，祈求國泰民安。〔註54〕八天的建醮活動在元月六日結束，廟方宣布十年後再舉行一次建醮活動。〔註55〕

在這一次建醮活動中，把大陸廈門市後溪鄉城內村臨海門霞海城隍廟的神像也請來熱鬧一番。因此，過了幾個月，大陸的霞海城隍廟的籌建委員會理事洪元順等人，寫信給大稻埕霞海城隍廟主任委員游俊成，表示祖廟搖搖

〔註53〕梁靜茹〈霞海城隍爺　陣頭聲勢大　臺北樂騰騰　祈安建醮重頭戲　善男信女爭酬神〉，《聯合報》第13版「臺北要聞」，民國八十年（1991）一月二日。

〔註54〕紀慧玲〈臺北霞海城隍廟建醮法會昨開幕　人神都熱鬧〉，《民生報》第14版「文化新聞」，民國八十年（1991）一月七日。

〔註55〕梁靜茹〈祈安建醮畫句點　霞海城隍廟　熱鬧兩星期　迪化街大場面　期待十年後〉，《聯合報》第13版「臺北要聞」，民國八十年（1991）一月七日。

欲墜，亟待修建，盼臺灣方面給予經費補助。但大稻埕霞海城隍廟說他們也年久失修，自身難保，贊助經費修建祖廟可能很難。〔註56〕

　　在這一年，又發生靈安社退出建醮活動的情事。靈安社指控霞海城隍廟的管理人陳國汀（後改名為陳明正）不公開廟宇的收支帳目，把廟管理得亂七八糟，於是他們不參加建醮的繞境活動。靈安社是霞海城隍的「輿前子弟團」，依照往例，在霞海城隍的繞境時，一定由靈安社來壓陣。這一年，由於雙方有了咀齬，靈安社聲稱在霞海城隍面前卜筶得准，方才不參加繞境。陳明正沒有表示意見，由他的妹妹陳文文出面，否認各種指控。陳文文說，陳家世代管理城隍廟，付出的心血信徒有目共睹，說他哥哥帳目不公開是子虛烏有的事。祭典委員會不姓陳，與廟是兩回事。未來三年內他們也會朝財團法人組織型態改進。至於其它批評，是「眾口鑠金」，她不願反擊。〔註57〕

　　這一年有關「暗訪」的報導特別多。在報導的內容上，跟從前的報導有很大的不同，特別著重神將的宗教性和藝術性，並且聲稱是「民俗大盛事」，是重要的觀光資源。報導是這樣寫的：

　　　　本週一霞海城隍廟舉行了三十四萬一千大軍安營清除境內鬼魅後，
　　　　週六和下週日晚上范、謝兩將軍將率眾神將，進行饒富傳統古意、
　　　　大街小巷的私查暗訪。暗訪旨在掃蕩境內宵小及夜間的妖魔鬼怪，
　　　　期使下週一城隍爺親自出巡繞境前，先作好「安全工作」。

　　　　范、謝兩將軍暗訪時，除伴有大稻埕一帶重要軒社及八將會等陣頭，
　　　　范、謝兩將軍也配備有各式逮捕歹徒的武器：火籤、虎頭牌和銬鍊。

　　　　往年暗訪時常會吸引大批民眾隨行巡視，相當熱鬧。〔註58〕

　　這些軒社包括：靈安社、平樂社、保安社、清心樂社及稻江霞海城隍八將會等陣頭。更史無前例的報導了如何為暗訪的八家將們「開臉譜」，以及負

〔註56〕〈霞海城隍祖廟隔岸募款　南宋古廟如今殘破　希望臺灣贊助重修　年久失修自身難保　大稻埕廟方說抱歉〉，《聯合報》第 13 版「臺北要聞」，民國八十年（1991）五月十八日。

〔註57〕紀慧玲，〈臺北霞海城隍廟建醮見議論　神明座前人失和　輿前子弟沒繞境〉，《民生報》第 14 版「文化新聞」，民國八十年（1991）一月四日。

〔註58〕洪淑惠，〈霞海城隍廟　後天起廟會　周六：范謝兩將軍暗訪　掃蕩妖孽　下週一：城隍爺親巡　民俗大盛事〉，《聯合晚報》第 10 版「臺北市」，民國八十年（1991）六月二十日。施靜茹，〈霞海城隍廟　「迎熱鬧」　陣頭眾神明在大稻埕「暗訪出巡」〉，《聯合報》第 15 版「臺北市民生活」，民國八十年（1991）六月二十二日。

責勾劃臉譜的老師傅許連成和他的兒子許榮德：

> 霞海城隍廟昨晚展開暗訪活動之前，有一項沿襲已久的開臉儀式。
> 擔任夜巡追緝兇神惡煞的神將，由彩繪師傅一一粉墨打面，裝扮成
> 威武不可侵犯的神格。

> 附屬於霞海城隍廟，迄今已有一百二十年歷史的八將會，在霞海城
> 隍祭典登場時，義務扮演城隍部屬的八將，必須打面（畫臉）。經
> 過彩繪師傅打面之後，八將再經過過火儀式除穢，入廟叩拜城隍爺，
> 聽候金山、銀山總將軍指令排班，等待暗訪夜巡。暗訪結束歸來，
> 進廟報告成果，爾後退班、洗面。往昔，開臉之後因已代表神格，
> 不能輕易開口與人交談，現在則不堅持。

> 八將象徵十殿閻羅的衙班捕快，有的青面獠牙，有的虎面、獅面、
> 蛇面、龍面等等，看來面目猙獰。多年來，有關八將會人員的臉譜
> 彩繪，均邀請彩繪老師傅許連成執畫筆。這個年高七十三歲、畫臉
> 歲月至今已有一甲子的老師傅，昨天偕同其子許榮德一起動筆。老
> 師傅氣定神閒，畫臉不須打底，直接上彩；不消十分鐘，就完成一
> 個臉譜。〔註59〕

這一年多雨，暗訪和正式的迎神遊行都是在雨中進行。以前的報導，對
於七爺、八爺和八家將的報導，都是出自負面的、批判的立場。把八家將稱
之為「塗面」，是「迷信」的表徵。現在則是從民俗、文化、藝術的角度來做
深入的報導，讓讀者有一種鄉土的親切感。今年有關暗訪的報導寫得相當精
彩，抄錄如下：

> 大稻埕昨天「迎鬧熱」，以暗訪出巡儀式提前慶祝城隍爺農曆五月
> 十三日誕辰。出巡隊伍繞行大稻埕主要道路，所到之處，鑼鼓喧天，
> 但也造成部分路段交通阻塞。

> 諸神將、陣頭於昨晚六時，在迪化街永樂市場整隊出發，展開夙富
> 盛名、具有神祕色彩的「暗訪」出巡。

> 浩大的隊伍中，由人扮演的「謝、范將軍」（即七爺、八爺）最引
> 人注意，擔心被雨淋的謝將軍面罩塑膠袋，撐著雨傘，右手舉火籤，

〔註59〕曹韻怡，〈霞海迎城隍　暗訪夜巡之前　神將彩繪開臉　老師傅直接上彩手藝
　　　　高〉，《聯合報》第 31 版「文化廣場」，民國八十年（1991）六月二十二日。

左手拿扣鍊；而范將軍則是揹著包袱，右手拿扣鍊，左手高舉「虎頭牌」，上面寫著「善惡分明」。這些裝備是讓兩位將軍繞境巡視境內各角落，找尋「歹徒」之用。民間相信兩將軍會將「人犯」押解至城隍爺面前審判。

此外，這兩具神像身上還被掛「鹹光餅」，沿途分送給夾道參觀的民眾食用。據說吃了鹹光餅，老弱婦孺可保健康長壽。

塗著青面獠牙的大稻埕知名軒社陣頭，在鑼鼓、樂音助陣下，頂著濛濛雨霧及昏暗夜色，以肢體動作表達敬天畏神心情，沿街商家住戶亦設香案，以素果鮮花膜拜，非常虔誠。

霞海城隍廟表示今天將再繼續進行暗訪出巡，明天下午則是主神城隍爺繞境巡行，祈求境內平安，大隊陣頭人馬將在重慶北路三段、民族西路口集合，預計沿著大稻埕地區進行為時四小時的遊行。

整個迎神廟會還將持續至下週，本月廿九日下午將舉行「五營收軍」；下月一日上午敬拜天公，叩謝天恩，下午則舉行「普施陰光」讚普儀式。〔註60〕

有關這一年「五月十三迎鬧熱」的報導也是從文化、宗教、民俗的角度出發，不再有任何批判的意味。這篇報導如下：

臺北市大稻埕最著名的霞海城隍廟一年一度盛大祭典今天舉行。昨晚范、謝將軍暗訪活動在軒社熱烈「拚館」氣氛中持續到凌晨方歇。北三區藝閣和陣頭下午將盡出簇擁城隍出巡，不受天候影響。

依往年經驗，城隍爺神輿及隨行的樂隊、獅陣，總要造成巡行路線南京西路、延平北路及承德路一帶交通壅塞，市民要有心理準備。

霞海城隍爺誕辰向來是北臺廟會一大盛事。兩天暗訪中，城隍廟已散發了一萬兩千個「光餅」，給前來參與盛會的信徒。分「光餅」是霞海城隍祭典一大特色，即將掛在七爺、八爺和八家將身上的一

〔註60〕施靜茹，〈大稻埕「迎鬧熱」　雨中暗訪　將軍面罩塑膠袋　鑼鼓樂音響不停〉，《聯合報》第 14 版「大臺北新聞」，民國八十年（1991）六月二十三日。亦可參看程思迪〈向城隍爺致敬　熱情不怕雨淋〉，《聯合報》第 14 版「大臺北新聞」，民國八十年（1991）六月二十三日。紀慧玲的報導〈七爺八爺　暗訪夜巡　配備特別〉，《民生報》第 14 版「文化新聞」，民國八十年（1991）六月二十四日。

串圈餅，沿途散發給小孩及信徒吃，祈求平安。

霞海城隍廟雖侷處在迪化街狹窄的街道邊，毫不氣派，是個相當不起眼的三級古蹟。但早年迪化街的繁華，使霞海城隍廟奠定成爲北部信仰中心的地位。事實上，不少大稻埕人士也將再復興的希望寄託在城隍爺身上。

因此，在「輸人不輸陣」的競爭壓力下，昨晚范、謝將軍暗訪活動直到凌晨仍鑼鼓喧天、鞭炮聲震天價響，爲近年罕見場面。

今天一早自各地湧來的信眾迎著神尊向迪化街集中，加上北三區十四個以上軒社及各地寺廟宮壇神尊、龍陣、獅陣、宋江陣、八家將及迪化街有名的民俗藝閣，下午將恭迎城隍爺出巡遶境，祈求風調雨順、國泰民安，遊行將歷四小時以上。

上午，霞海城隍廟已可看到帶著金紙所做「枷」的民眾；許多信徒相信，在今天買紙枷帶在身上能贖一年來的罪。這也是霞海城隍廟大拜拜的另一大特色。有空的市民也可前去參加盛會，體會一下「五月十三人看人」的熱烈氣氛。〔註61〕

六月二十四日（農曆五月十三日）是霞海城隍出巡的日子。北三區十四個軒社、陣頭、民俗藝陣紛紛組隊，走在城隍爺神轎之前，冒雨在民族西路、延平北路、迪化街一帶遊行數小時，交通爲之壅塞。〔註62〕

在廿九日下午舉行「五營收軍」儀式，將張、劉、李、蕭、連五位將軍帶領外出的神兵收回。七月一日是拜天公讚普活動。七月九日則選拔主辦明年城隍誕辰祭典的頭家和爐主。至此，整個廟會活動才算結束。

記者洪淑惠特別就「大拜拜、流水席」不復出現的現象，也做了詳細的報導：

臺北市大稻埕霞海城隍誕辰祭典今年依然熱烈非常，但地方人士也指出，隨著時代改變，北三區今天已較少見辦桌「流水席」大請客的場面。

〔註61〕洪淑惠，〈海城隍今誕辰　熱到最高點　范謝將軍暗訪“拚館”到凌晨　城隍下午出巡車輛請先繞道〉，《聯合晚報》第10版「臺北市」，民國八十年（1991）六月二十四日。

〔註62〕施靜茹，〈城隍爺出巡　天公不作美　藝陣神將雨中護駕　擔心淋雨頭頂塑膠袋〉，《聯合報》第13版「臺北要聞」，民國八十年（1991）六月二十五日。

　　過去建成、延平和大同北三區每逢農曆五月十三日總見家家戶戶門前亭下辦桌，大請流水席。主人樂於同時慶祝城隍生日，也能藉此顯示自己的面子，各地親友甚至陌生人也趕來大打牙祭、聯絡感情。人潮加上車陣總要使交通陷入癱瘓。

　　但這兩年各大寺廟不論是選頭家爐主或作醮、慶祝聖誕的大拜拜流水席規模都有縮小趨勢。塞車太苦及臺北地區民眾對吃拜拜熱情降低是主要原因，作主人歷經找不到客人甚至為搶客人翻臉相向的經驗，辦桌的興趣也相對降低，桌數也予減少。〔註63〕

　　這一年臺北地區的雨水不多，在苦旱之際，霞海城隍廟的主持人率領信眾祈雨，結果大稻埕一帶下了一場大雨，因此，廟方準備增奉四大海龍王和雷公、電母六大雨神。〔註64〕

　　內政部在民國六十七年（1978）頒布了「改善民間祭典節約辦法」。臺北市政府依據這個辦法，在中元節當天派員到各大寺廟訪查，看看寺廟有沒有響應祭品從簡，或趁機募款斂財等情事。在十二個行政區中，各選定兩三所寺廟作為檢查的目標，在大同區所選定的目標是保安宮、覺修宮和霞海城隍廟。〔註65〕

十二、1992 年

　　這一年有四則相關的報導。六月十二日有一則很短的消息，報導霞海城隍在廟會之前的夜訪活動。〔註66〕

　　六月十三日午後下起大雨，霞海城隍率領各個陣頭在大雨中遊行經過民生西路和迪化街，一直到晚間才結束。記者周怡倫記敘當天的情形：〔註67〕

　　　昨天是農曆五月十三日城隍爺誕辰，在滂沱大雨中，大同區霞海城

〔註63〕洪淑惠〈塞車麻煩　吃拜拜熱情降溫　流水席"辦桌"漸沒落〉，《聯合晚報》第10版「臺北市」。民國八十年（1991）六月二十四日。

〔註64〕洪淑惠〈苦旱需神助　霞海城隍廟　將增奉雨神〉，《聯合晚報》第10版「臺北市」，民國八十年（1991）六月二十四日。

〔註65〕施靜茹〈中元普渡　祭品從簡　各大寺廟有無趁機斂財　市府決派員查訪〉，《聯合報》第13版「臺北要聞」，民國八十年（1991）八月二十一日。

〔註66〕周怡倫〈臺北的昨天　收妖看我〉，《聯合報》第13版「焦點」，民國八十一年（1992）六月十二日。

〔註67〕周怡倫〈城隍爺出巡　迪化街一片傘海　大同區多處塞車〉，《聯合報》第15版「生活資訊」，民國八十一年（1992）六月十四日。

隍廟信徒為城隍爺舉辦慶生廟會活動，迪化街人山人海，一片傘花；
而大同區主要道路如承德路、重慶北路、延平北路多處塞車，在震
耳欲聾的鞭炮聲中，大同區顯得格外熱鬧。廟會遊行一直延續到晚
間才結束。

昨天一大早就有不少善男信女前往霞海城隍廟參拜，使平時就香火
鼎盛的霞海城隍廟更顯熱鬧。廟中還供奉一尊來自大陸福建的青石
刻城隍爺像，相當引人注目。中午時分，開始下起大雨，但雨勢並
未降低信徒的熱情。參加祈福繞境的徒眾都穿起雨衣，並為所有陣
仗覆蓋塑膠布。其中一座新完成的金箔神轎，據說斥資新臺幣兩百
餘萬元，閃亮的轎身在遊行隊伍中頗為耀眼。遊行隊伍所到之處，
沿路商家居民多會手持馨香參拜，而八家將、鑼鼓陣、范謝將軍經
過的路上，更吸引許多小朋友好奇的眼光，撐著傘、光著腳丫地指
指點點。等到雨勢稍歇，孩子們還跑到路邊玩起水來，模仿七爺八
爺搖晃的步伐，相當逗趣。

　　六月二十四日記者馬正勳寫了一篇〈臺灣真奇妙，小廟容得了大神〉，報
導霞海城隍廟神明的來歷。這篇報導的內容有對有錯，代表到了這時候，人
們已不太知道霞海城隍廟真正的往事，多了一些演繹的故事。這一篇報導的
內容如下：

每年霞海城隍廟城隍爺生日時，非但信徒湧至，各地城隍也齊來向
這位老大哥祝壽，把小廟擠得裡外都是人。臺北市有句俗諺「五月
十三人看人」，是形容每年農曆五月十三日霞海城隍廟城隍誕辰，那
種熱鬧非凡、人擠人的盛況。

霞海城隍是泉州府同安縣人供奉的神明。當年泉州人渡海來臺，隨
隊攜來保佑鄉民的。

剛入臺的大陸人中，漳泉兩州人械鬥多次。咸豐三年，頂郊人想出
一條毒計，就是放火燒悼萬華一帶下郊的泉州人神祇，並進攻城隍
供奉地的八甲庄。泉州人眼看城隍廟著火，大驚失色，拚死抵抗，
背著城隍金身，朝北邊的大稻埕奔跑，並定居下來。定居所在地後
來定名為「中街」，即後來的迪化街。

為了搶救城隍爺，泉州人有卅八人喪身，這大概是臺灣唯一的「宗
教戰爭」。

咸豐六年，泉州人出資重建霞海城隍廟，並追祀卅八位前輩，由於大家逃命不久，財力尚不穩定，所以做為精神信仰的廟宇，只有四十六坪，對有百萬信徒的廟宇而言，的確太小了。

每年農曆的五月十三日是霞海城隍誕辰，信徒會以「藝閣」來慶賀，由於花車在當時是最好看的新奇技藝，當日總造成人山人海、空前的盛況，才有「五月十三人看人」的俗諺。

由於城隍廟附近已成居民聚集所在地，民眾後來在廟的西南巷內建了「永樂座戲園子」，當時邀來演出的包括大陸知名京班、上海班、福州班等劇團表演。

去年霞海城隍生日，全省各地城隍均來拜壽。因為傳說臺灣的城隍中，祂的輩分最高。但這和其容身的四十六坪小廟相比，倒像是告訴信徒「小廟還是容得了大神的」。〔註68〕

臺鳳公司的董事長黃葉冬梅在選爐主的執筶典禮中，一連得到八個順筶，當選下一年的爐主。記者陳建發的報導中說：〔註69〕

臺鳳公司董事長黃葉冬梅將擔任臺北市迪化街地區稻江霞海城隍廟委員會的爐主。

黃葉冬梅世居迪化街，早年經營布莊，廿多年前與謝姓友人共同投資經營臺鳳。目前黃葉冬梅及其長子黃宗宏是臺鳳公司大股東之一。

於每年農曆六月十三日在城隍爺面前擲筶，以擲順筶的多寡來決定次年城隍爺生日祭典的主事者——爐主。黃葉冬梅連續擲出八次順筶，順筶最多，成為明年祭典的爐主。另外義和蒜蔥行董事長柯慶元連續擲出七次順筶，為副爐主。幾位參與競爭爐主的南北貨業者說，連續擲出八次順筶，真是少見。而且「八」與「發」字音相似，當上爐主可說是個好彩頭。

十三、1993 年

只有兩則相關的報導。一則是說，七月二日是霞海城隍爺的誕辰，前兩

〔註68〕馬正勳，〈臺灣真奇廟　小廟容得了大神〉，《聯合報》第 17 版「鄉情」，民國八十一年（1992）六月二十四日。

〔註69〕陳建發，〈黃葉冬梅連擲順筶成為「爐主」〉，《經濟日報》第 9 版「企業實務」，民國八十一年（1992）八月五日。

天的下午各舉行一場熱鬧隆重的「神將、八將出巡暗訪、抓妖掃魔活動。」
記者劉子鳳說：

> 今天下午 6 時起，七爺、八爺眾神將隊伍從迪化街一段出發，行經
> 民生西路、西寧北路、迪化街（八將廟）、南京東路、塔城街、延平
> 北路一段（聚福宮、法主公廟）、長安西路，右轉延平北路（保慶宮）、
> 華陰街（金池王爺府）、太原路（天玉宮）、承德路、赤峰街、錦西
> 街、雙連街（雙福宮）、太原路、寧夏路、重慶北路二段、延平北路
> 二段，再轉回霞海城隍廟，遊行隊伍彎街繞巷，是輕鬆、盛大的活
> 動。〔註70〕

　　第二則消息不是在報導城隍巡行活動，而是如何扮「八家將」，特別介紹
為八將和為八將「打臉」的許連成。許連成是年已經七十四歲，打了六十年
的臉譜。牛慶福在報導中先介紹八將是城隍爺的部屬，人為了還願而打扮成
八將，走在城隍神轎的前面，為開路先鋒：

> 「八將」是城隍爺的部屬，活動時均由人裝扮，一張張臉被彩繪成
> 陰森森或猙獰的鬼樣，再穿戴上戰袍，手持兵器。晚上走在幽暗的
> 迪化街，大紅大綠的身軀搖搖擺擺，腦後的黃色紙條飄揚，令旁觀
> 者恍如置身鬼域。
>
> 不少人自願打扮成八將，隨城隍爺的神轎繞境，大都是為了還願。
> 例如有名近八十歲的老人，數十年扮八將還願，因為他少年時得病，
> 向城隍爺祈福而痊癒，從此跟隨城隍爺出巡，報答降福之恩。早年
> 打臉譜扮八將的人相當多，目前漸少，但每年舉行時，仍是大稻埕
> 的盛事。〔註71〕

　　同時也報導了在大稻埕長大的攝影師吳智慶如何用鏡頭來記錄「打八將」
的文化傳統，能永久成為古老迪化街的內涵，和南北貨、美麗的建築相得益
彰。吳智慶認為，如果迪化街將來保存下來的只是硬體，失去了舉辦了一百
多年的傳統活動，迪化街必然會失色不少。

〔註70〕劉子鳳〈後天城隍生日　八將出巡　民眾迴避〉，《聯合晚報》第 10 版「臺北
　　　　市」，民國八十二年（1993）六月三十日。

〔註71〕牛慶福，〈城隍爺出巡　賞善罰惡　扮成「八將」相隨　不少人為還願〉，《聯
　　　　合報》第 15 版「都會掃描」，民國八十二年（1993）九月十四日。

十四、1994 年

　　樂山文教基金會、山水客工作室爲了喚醒大眾認識並重視傳統文化、信仰意義以及即將沒落的「打臉」美學，將於霞海城隍出巡的當天（六月十九日）舉辦「大稻埕民俗祭典文化研習——書臉譜、打八將、出巡暗訪」活動，包括當天上午十時在樂山基金會的臉譜之美講座、下午二時參觀城隍廟、迪化街及南北貨市集，三時半研習、參觀八將著裝、畫臉等，八時即觀察城隍爺出巡儀式、巡街暗訪等。活動由文化工作者吳智慶主講，完全不收費，限四十名額。〔註72〕

　　記者黃彩玉的特稿〈探源　五月十三人看人〉，用懷舊的心態報導霞海城隍爺過生日這一件事。她在文中，夾雜了一些平時不受人注意的相關傳說，讓人讀起來印象深刻。文末，她特別強調「直到今天，雖然大稻埕已經沒落，然而五月十三大拜拜的規模，依然是北部地區之最。」這篇特稿是這樣寫的：〔註73〕

　　　　每年農曆五月十三日，霞海城隍爺過生日，善男信女吃拜拜、看熱鬧的，湧進大稻埕……在目前臺灣，廟會酬神活動幾乎快要成爲臺灣文化的代名詞。北港媽祖誕辰光是金紙就燒掉上億，而南臺灣燒一艘王船的耗費更超過五億。這些民俗信仰活動的開銷都可以登上金氏紀錄。然而在一甲子以前的臺灣，最熱鬧的廟會活動卻是臺北市的霞海城隍誕辰。雖然它的耗費無法和今天南臺灣人的「阿莎力」相比，不過因爲霞海城隍誕辰慶典而產生的俗諺「五月十三人看人」，這句話聞名全臺的程度，卻不是花錢做得出來的。

　　　　城隍是一座大城裡面掌管陰陽兩界的神明。臺北市的霞海城隍位於舊稱大稻埕的老社區，它是由福建泉州府同安縣的移民，從大陸老家分靈而來。最早供奉在萬華的民宅裡，後來因爲漳泉械鬥，同安人遷到大稻埕聚居，才在今天迪化街一段的現址，覓妥一處俗稱「雞母穴」的吉地蓋起廟來，至今已有一百三十五年的歷史，並且被列爲臺閩地區三級古蹟。

〔註72〕〈觀察城隍出巡　研習民俗祭典　40 個名額　免費參加〉，《民生報》第 15 版「文化新聞」，民國八十三年（1994）六月十五日。
〔註73〕黃彩玉，〈探源　五月十三人看人〉，《聯合報》第 34 版「鄉情」，民國八十三年（1994）六月十五日。

在臺灣所有民間信仰當中，城隍是最讓人敬畏的神明，因爲它掌管
人們在世時的一切功過，人死後魂魄即被黑、白無常拘押到此受審。
在城隍廟中有一座計算人間善惡的超級算盤，有文武判官，也有俗
稱七爺八爺或范謝兩將軍的黑、白無常。相傳訟事若兩造有一位已
經歸西，當事人的子孫還可以到城隍廟裡遞「陰狀」提出告訴。城
隍爺將會拘提陰陽兩界的當事人，審到水落石出。就因爲祂的法力
無邊，臺灣民間若起重誓的話，最有誠意的人，便是到城隍廟斬雞
頭發誓。大稻埕霞海城隍過去擁有無數的神蹟，最著名是有一年誕
辰前夕，城隍被信徒迎至新竹，回程時被大雨延誤，眼看已經趕不
及回家過生日了，結果抬神輿的轎夫突然「起乩」，發狂似地往北疾
走，不到一小時立刻從新竹回到臺北。這樣的神速，即使開車經由
今天的高速公路也很難辦到。

每年農曆五月十三日是霞海城隍誕辰，日據時代這是臺灣最盛大的
廟會活動。當時臺北市民才廿萬，可是從中南部湧來吃拜拜看熱鬧
的卻屢屢超過十萬。節慶前兩天晚上有神明夜巡的「暗訪」，誕辰當
天則有別致的藝閣、陣頭繞境活動。連火車都必須加班來疏運旅客，
大稻埕街上人滿爲患，到處都是看熱鬧的人潮，遂稱爲「五月十三
人看人」。有一首以此爲名的閩南語老歌，便描述了當時那種洋溢
活潑、歡樂與熱鬧的繁榮景象。

直到今天，雖然大稻埕已經沒落，然而五月十三大拜拜的規模，依
然是北部地區之最。

十五、1995 年

對於城隍出巡這一件事情有兩則報導。在第一則報導，透露出一個有用
的信息，繞境巡行活動原本是由郊商、崇神會主辦，現在則由「民間遊藝協
會」主辦，力量就薄弱了很多。﹝註74﹞

記者李漢昌報導城隍爺出巡當天的活動情形：﹝註75﹞

﹝註74﹞ 李漢昌，〈臺北采風　霞海城隍今出巡　神將開路〉，《聯合報》第 15 版「都
會掃描」，民國八十四年（1995）六月十日。

﹝註75﹞ 李漢昌，〈城隍出巡　大稻埕神氣十足〉，《聯合報》第 15 版「都會掃描」，民
國八十四年（1995）六月十一日。

迪化街霞海城隍誕辰繞境遊行規模盛大，大同區交通雖受影響，但是熱鬧的民俗嘉年華，也讓民眾感到無比的歡樂。慶祝臺北霞海城隍誕辰，昨天下午臺北市民間遊藝協會在大同區舉辦繞境大遊行。迪化街霞海城隍廟前更是人山人海，炮聲隆隆，各軒社以渾身解數表演，掀起陣陣高潮，成為一場精采的民俗嘉年華會。臺北霞海城隍渡臺已一百七十五年，本來城隍爺是農曆五月十一過生日，但臺北霞海城隍廟清朝起就是農曆五月十三辦繞境大遊行。當年規模極大，除了陣頭，連藝旦都坐車遊街，很多南部民眾未見過藝旦，只有坐火車來臺北，借住朋友家，於這一天趕到大稻埕看熱鬧，把當地擠得水洩不通，所以有「五月十三人看人」的俗諺。

昨天中午十二時卅分，十餘個軒社的幾十個陣頭先在民族西路警察派出所前集合，下午一時許自民族西路沿著延平北路三段、二段、涼州街、至迪化街霞海城隍廟拜壽。再經塔城街、長安西路、承德路，至民生西路解散。因規模很大，影響大同區的交通。

霞海城隍廟更熱鬧，各陣頭都到廟前拜壽，整個下午鑼鼓喧天，信眾不斷進香，附近萬頭鑽動，大家趕著看表演，享受難得的周末。

昨天下午靈安社兩尊鎮壇的骨董級七爺八爺再度出動。祂們已有一百廿四年歷史，平時很少出動。昨天祂們穿著新戰袍、背插虎旗，耀武揚威的巡行，吸引民眾熱烈的掌聲。還有很多攝影同好，趕著為祂們拍照。

山海鎮玄聖宮廣義堂出動駕前十家將，在廟前擺七星八卦陣，各家將臉畫油彩，手持手銬、三股鋼插、狼牙棒，讓臺北人看看南部陣頭的聲勢。

慶和館醒獅團則出動錦獅，為霞海城隍爺護駕。該軒社在廟前搭起獅臺，讓錦獅以矯捷的身手逐步縱躍高攀，到高處街起「旺來」（鳳梨），獻給城隍爺，錦獅並且把臺頂盆內許多壽糖灑下，兩旁民眾紛紛搶拾，期獲得喜氣。

十六、1996 年

這一年的廟會由於外在形式改變，而有新的發展。

　　迪化街因南北貨、中藥材等批發行業集中而盛極一時，可是在新式物流業的衝擊下，往昔採辦年貨的熱鬧場面已難復現。在當地商家、專家學者、政府及民間單位合作下，二月七日至十七日間，迪化街將以豐富的年貨和精心策畫的街區空間，重現舊時「年貨大街」的熱鬧場面。〔註76〕

　　在市政府的規劃中，除了讓民眾採買年貨外，更歡迎現代人來尋找「古早味」。在永樂市場前廣場，挽面、奉茶、年畫、春聯、劇場節目都將現場演出，三級古蹟城隍廟也歡迎大家入內祈福。市政府將配合推出彩繪的年貨公車、計程車招呼站，讓民眾可以徒步於街區，從來往人潮和叫賣聲、南北貨氣味中，感受到準備過年的愉快氣氛。〔註77〕

　　二月五日起先試辦兩天，七日方才正式開鑼。試辦活動的第二天，李登輝總統的夫人曾文惠率領副總統連戰的夫人連方瑀、總統府秘書長吳伯雄夫人吳戴美玉、臺灣省長宋楚瑜夫人陳萬水等十餘位官太太，和文建會主委鄭淑敏，前往迪化街永樂市場，主持民俗活動升旗典禮，及購買年貨。部分民進黨國代參選人前往造勢。

　　傍晚六時許，臺北市長陳水扁在都市發展局長張景森的陪同下，也來到迪化街。先到霞海城隍廟上香祈福，又在鑼鼓、鞭炮聲中，在街道上主持臨時照明燈具點燈典禮。他向民眾表示：「迪化街全臺第一，沒來過這裡，不算是真正臺北人。不來這裡買年貨，也不像過年。迪化街要再造、再生，還要靠大家共同努力。」他一路上受到當地商家、民眾熱烈歡迎，不少人要求握手簽名，加上街道狹窄，幾乎是寸步難行。

　　當地商家、里長高興的說，除了數年前有報導指迪化街即將拆除，吸引許多民眾前來搶購年貨外，迪化街已好久沒出現這種盛況了，市府要保護老街道、建物，也應出面舉辦類似活動。商家樂於見到市府、媒體對迪化街的免費廣告，帶動人潮前來，更期盼往後年年都有相同節目。他們本來還邀請總統李登輝來參加這項活動，不過聽說基於安全考慮，他的競選總部未同意。〔註78〕

〔註76〕于國華，〈文化味　節慶感　重塑迪化街　政府與民間合作　精心規畫街區空間　復甦"年貨大街"景況〉，《民生報》第15版「文化新聞」，民國八十五年（1996）一月二十九日。

〔註77〕同上註。

〔註78〕張仁豪，〈年貨大街開鑼　迪化街熱乎乎〉，《聯合報》第13版「焦點」，民國八十五年（1996）二月七日。

　　二月十七日，除夕的前一天，國民黨總統候選人李登輝上午前往臺北市迪化街「掃街拜年」，同時參加迪化街商圈舉辦的「年貨大街——全臺第一」活動。在南北年貨充斥與人潮擁擠的街道中，李登輝笑容可掬的沿街握手、拜年，許多商家則熱情的祝他「高票當選」，現場氣氛高昂熱絡。

　　李登輝是在全國競選總部總幹事蕭萬長、臺北市議會議長陳健治以及前臺視董事長陳重光的陪同下，於上午九時三十分抵達迪化街，隨即在人群的簇擁下，進入歷史悠久的大稻埕霞海城隍廟鞠躬致意，祈求國泰民安、風調雨順。迪化街商圈聯館會致贈李登輝「好采頭」和紀念旗，他則回贈鳳梨（旺來），祝所有的店家生意興旺。〔註79〕

　　在元宵節時，為了深化「點燈祈福慶元宵」的內涵，市府特別規畫「元宵燈謎」，時間是三月三日晚上，地點在大稻埕霞海城隍廟旁。整個謎題由林保淳教授與集思謎會社負責，約有八百題，大概以臺北市老地名為謎底，寓教於樂，希望能培養鄉土情懷。〔註80〕

　　同日晚上七時，在臺北火車站前，由李登輝總統和連戰副總統一同主持祈福點燈儀式，再由文建會主委鄭淑敏率領一百多位提燈籠的市民，從火車站走到霞海城隍廟，參加在廟前的燈謎大會。〔註81〕

　　到了霞海城隍誕辰來臨時，記者邱淑宜用很鄉土氣息的筆調來報導。邱淑宜所寫的報導跟先前的報導大不相同，大標題也變得很俏皮活潑：「大稻埕熱鬧起來囉　城隍爺慶生遊行揭幕」，副標題是「發起'環保掃街'　將把汙染減到最低」。在文中，更呼籲民眾前往參加。這篇報導是這樣寫的：〔註82〕

　　　　臺北市大稻埕霞海城隍廟一年一度的城隍爺誕辰祭典活動今天揭開

　　　　序幕。從今天傍晚雙連社暗訪遊行開始，到明天城隍爺誕辰祭典、

〔註79〕楊頁金，〈李登輝拜訪反共義士　比出 V 型手勢請大家支持　逛迪化街時『試吃』年貨　商家們大樂〉，《聯合報》第 4 版「政治」，民國八十五年（1996）二月十八日。高泉錫，〈李連走訪鬧市　賀年兼拜票〉，《民生報》第 20 版「綜合新聞」，民國八十五年（1996）二月十八日。

〔註80〕林明德，〈文化快報　重現元宵風華〉，《聯合報》第 37 版「聯合副刊」，民國八十五年（1996）三月三日。

〔註81〕李玉玲，〈點燈祈福　臺北火車站人燈輝映〉，《聯合報》第 6 版「綜合」，民國八十五年（1996）三月四日。

〔註82〕邱淑宜，〈大稻埕　熱鬧起來囉　城隍爺慶生遊行揭幕〉，《聯合晚報》第 12 版「臺北都會」，民國八十五年（1996）六月二十日。又可參看于國華，〈臺北霞海城隍誕辰慶典　揭序幕　三級古蹟鄰近商圈　祭祀活動吸引人潮〉，《民生報》第 15 版「藝文新聞」，民國八十五年（1996）六月二十一日。

放軍安五營，農曆五月十一日、十二日神將暗訪，活動在農曆五月十三日城隍爺繞境遊行時達到高潮，一直到農曆五月十八日五營收軍，長達兩周的慶典活動才正式落幕。

已有一百四十年歷史的霞海城隍廟是大稻埕民眾信仰中心，也已列為三級古蹟，霞海城隍廟管理人陳文文說，祭典各項活動都歡迎民眾前往參觀，暗訪及繞境遊行對交通的衝擊，也請市民包涵。

迪化街商家為了這一年一度的地方盛事，也早已忙碌多時，整條街動起來。今年的祭典活動自今天拉開序幕，下午六時雙連社等地方軒社將暗訪遊行，明天城隍爺誕辰日，除了雙連社等下午一時繞境遊行，下午二時霞海城隍廟將舉辦隆重的城隍爺誕辰祭典，臺北市長陳水扁也將前往上香，祭典後將放軍安五營，為城隍爺出巡預做準備。

城隍爺身邊的兩名大將七爺八爺，將在本月二十六日（農曆五月十一日）及二十七日（農曆五月十二日）下午六時暗訪遊行，整個慶典活動的高潮是本月二十八日（農曆五月十三日）下午一時開始的城隍繞境遊行，參加的隊伍除了南管、北管、什音、鼓吹、西樂等，另外還有獅陣、龍陣、宋江陣等陣頭，除了臺北市舊市區的八大軒社，中南部也有不少遊藝陣頭將北上助陣。整個活動要到七月三日（農曆五月十八日）下午二時「五營收軍」才正式結束。

這幾年來，城隍爺出巡時圍觀的民眾雖不復以往人山人海的盛況，對舊市區民眾而言，重要性不亞於過年，道路兩邊的店鋪住家都會擺出香案等候城隍爺到來，上香祈求平安。

陳文文說，為處理神將暗訪、遊行及城隍爺出巡時沿路灑紙錢、民眾燃放鞭炮的紙屑，今年發起「環保掃街」活動，邀請民眾在農曆五月十三日城隍爺繞境遊行時共襄盛舉，在遊行隊伍後頭清掃垃圾，以改變一般民眾對迎神賽會的觀感，不製造髒亂將使民俗活動更受歡迎。至於神將暗訪遊行已安排義工沿途掃街。

在慶典期間，每天要誦唸《妙法蓮華經》。下午二時，舉行正式的祭典。由霞海城隍廟祭典委員會主任委員黃葉多梅主祭，名譽會長柯慶元、各副主任委員、頭家、正、副爐主、監察人等人陪祭。市長陳水扁到場上香，國民黨臺北市委會主委詹春柏和立委陳鴻基等也參加了這一次的祭典。

　　巡行繞境的隊伍長約五百公尺，上午十一時卅分從臺北雙連社出發、經民生西路、雙連街、錦西街、寧夏路、重慶北路三段、昌吉街、大龍街、迪化街、延平北路、民生西路、西寧北路、南京西路至城隍廟。遊行隊伍所到之處都有人群圍觀，鞭炮聲響個不停，部分地區實施交通管制。城隍廟今年配合發展局推行環保清潔運動，該廟的環保義工跟隨遊行隊伍，沿街清掃鞭炮紙屑，以維護街道清潔。〔註83〕

　　市政府在城隍爺誕辰的祭典期間，推出「記憶想像新城隍」文化活動。「環保掃街」是其中的一個項目。原本希望由官員帶動捲起袖子，清掃廟會炮屑、紙灰造成的街道污染，讓民俗活動注入社會意識，經由示範宣導，讓其他寺廟起而傚效。由於事先沒有考慮大稻埕居民幾十年來已經習慣自動自發的清掃鞭炮紙屑，而市府官員的動作又慢半拍，讓主持祭祀的委員們大爲光火，關掉麥克風，不讓副市長陳師孟和民政局長陳哲男、環保局長林俊義致詞，以致草草收場。記者牛慶福對這一次的風波有詳細的報導：〔註84〕

　　　　迎接城隍爺誕辰，大稻埕昨天舉行遊行與廟會，其中臺北市政府等
　　　　單位發起的環保掃街，遭到地方人士的反對，表示他們早已掃了幾
　　　　十年了，即興式的掃街形同作秀，不尊重地方的感受，因此原定的
　　　　節目草草收場，副市長陳師孟與民政局長陳哲男等人的致詞都省了。

　　　　市政府舉辦的活動名爲「記憶想像新城隍」，定下午五時舉行，在繞
　　　　境的城隍爺神轎經過主祭臺時，配合舉辦劇場表演與環保掃街。但
　　　　經地方人士反映不滿的意見後，主持廟會活動的城隍廟祭典委員會
　　　　監察人王阿添下令拆除主祭臺的播音設施，提早結束觀禮儀式。據
　　　　王阿添表示，市政府臨時插花，所謂的環保掃街，令地方人士感到
　　　　好像他們以前都光製造環境汙染而不掃地。事實上，在前幾天神將
　　　　和八家將等展開明查暗訪的活動時，大家就像往年一樣自動自發的
　　　　掃街。大同區永樂里里長陳鳳揚說，大家不反對掃街，但反對作秀。
　　　　中興大學地政學系副教授王世燁爲當地的居民，他表示，這種空降

〔註83〕沈長祿，〈城隍爺慶生　迪化街沸騰〉，《聯合報》第 17 版「都會掃描」，民國
　　　　八十五年（1996）六月二十二日。

〔註84〕牛慶福，〈大稻埕廟會活動　美中不足　指市府環保掃街作秀　地方人不
　　　　悅〉，《聯合報》第 16 版「臺北人」，民國八十五年（1996）六月二十九日。
　　　　同時參看〈藉城隍生宣導環保　官員掃街慢一步　尷尬收場〉，《民生報》第
　　　　14 版「藝文新聞」，民國八十五年（1996）六月二十九日。

式的活動，不易得到地方人士的認同，例如有些信徒把鞭炮屑當作
吉祥物，都以虔敬的心掃起來，但市政府的作法把它們當作垃圾，
就是沒有入境隨俗的觀念。

擔任廟會禮生的王世永由上午十時就參加活動，一直到下午不斷看
到地方民眾自動自發打掃，但到了接近下午五時，市政府的活動人
員才拿出掃帚展開所謂的環保掃街活動，令他感到不滿。據市政府
承辦人員表示，他們事先已和地方人士充分的溝通，大家都認同環
保掃街活動，它其實像北市其他地區所辦的類似活動一樣，作為一
種宣導，絕對沒有不尊重地方人士的意思。

昨天上午七時，主辦單位在迪化街永樂市場五樓為家將開臉，由師
傅林錦錄等人把十多名年輕人打扮成金大神、黃大神等，臉譜如老
虎、老鷹等，都是跟隨七爺八爺出巡的警察，扮演賞善罰惡的角色。

上午十一時許，各軒社、神轎、家將、神像、神偶等跟著城隍爺的
神轎到民族西路與迪化街口集合。有一百廿多年歷史的靈安社也出
動了。隊伍下午一時出發，走迪化街，經大稻埕霞海城隍廟，沿途
鑼鼓與嗩，吶喧天、鞭炮不斷。民眾爭相觀看，擺香案迎接。市政
府用布偶裝扮成的新城隍爺也出動表演。遊行到下午五時許結束。
晚間在大稻埕碼頭另舉辦放天燈的祈福活動。

　　晚間在大稻埕碼頭放天燈是一項創舉。幾年後，就改為「煙火節」，在
碼頭施放煙火，比美元旦在 101 大樓的跨年煙火晚會。

　　霞海城隍廟在文建會和臺北市政府民政局的經費補助下，在 1994 年的農
曆三月十八日開工，經過將近三年的整修，共耗資新臺幣一千八百萬元，在
今年的十二月進入完工的階段。剩下廟門的彩繪工作，由潘麗水、蔡龍進和
陳壽彝三位畫家負責完成。廟方選定明年的一月二日，將主神迎回。〔註85〕

十七、1997 年

　　一月二日，霞海城隍金身回到整修過後的正殿。由於周邊的攤販林立，
環境不良，報上用「暗無天日」來形容。還需要一些時間來協調拆遷。不過

〔註85〕于國華，〈霞海城隍廟　整修近尾聲　三位畫師　彩繪添新粧〉，《民生報》第
　　　　19 版「藝文新聞」，民國八十五年（1996）十二日二十一日。

廟方決定在今年的城隍爺誕辰時，正式啓用。〔註86〕

　　城隍廟埕正對著迪化街一段七十二巷，原為各項祭祀活動匯聚所在，可是自民國六十年搭蓋鐵架違建後，陸續為攤販所占用，或者擺上長桌作為長久供奉處，因而只剩一巷道空間，供年度城隍祭典儀式中「衝廟門」陣列活動所用。廟祝陳文文說，廟埕右側有一處為攤販，後為廚房等服務性空間；而左側為一家飲食店的廚房，長久以來，廟埕空間因而與廚房的髒亂空間相互衝突。修復計畫也建議，拆除違建，恢復廟埕，作為居民活動與節慶之用。〔註87〕

　　在民國六十年代，臺北市政府極力壓制霞海城隍誕辰祭典期間的大拜拜、大請客風氣。可是在今年，由於廟宇翻新，人們又開始回憶二十多年前，霞海城隍大拜拜的熱鬧風光。在記者邱淑宜的報導中就清楚的傳達這個訊息：

> 臺北市大稻埕霞海城隍廟一年一度的城隍爺誕辰祭典活動明天進入
> 高潮，明天下午城隍爺將遶境遊行，由於今年正逢霞海城隍廟舉辦
> 「迎熱鬧」活動滿一百週年，明晚大稻埕地區將以流水席宴客，歡
> 歡喜喜、熱熱鬧鬧慶祝一番。〔註88〕

　　今年以「城隍出巡，遶境百年」為廣告訴求的重點。紀慧玲的專文強調這個城隍遶境的歷史緣由和發展。內容以「聽人所說」為主，對錯夾雜。不管其對錯，所透露出來的訊息是「傳統文化再起」。紀慧玲的新聞稿是這樣寫的：〔註89〕

> 臺北市大稻埕傳統寺廟「霞海城隍廟」，今舉行「城隍出巡遶境百年」
> 紀念擴大活動。發跡於迪化街的臺鳳企業邀請一百位旅臺外商參與
> 這項極富民間傳統的廟會活動。整修一新的廟體雖暫仍不對外開
> 放，但寺方邀請的歌仔戲團、準備的小吃茶點，仍可供民眾體會都
> 會裡野臺廟會的餘溫。
>
> 根據霞海城隍廟說法，日據時期（一八九八年）臺北地區爆發大規

〔註86〕施美惠，〈霞海城隍廟將重現光采〉，《聯合報》第35版「文化廣場」，民國八十六年（1997）二月二十八日。

〔註87〕同上註。

〔註88〕邱淑宜〈今起四天　霞海城隍爺　明百年遶境〉，《聯合晚報》第18版「臺北都會」，民國八十六年（1997）六月十六日。

〔註89〕紀慧玲，〈重溫俗諺　農曆五月十三人看人　大稻埕霞海城隍廟　復甦百年今呈現都市野臺廟會的餘溫〉，《民生報》第19版「藝文新聞」，民國八十六年（1997）六月十七日。

　　模黑死病，日本官僚束手無策，經詢問臺人，決定開放「迎神壓煞」
這類信仰活動，北部地區只開放霞海城隍，一度消沉的城隍廟會再
度復甦，迄今正好第一百年。

　　霞海城隍廟位迪化街、永樂市場口，清咸豐年間起就是泉州同安裔
守護神，隨著迪化街商家營商致富回饋社會，每年農曆五月十三日
的城隍誕辰遶境廟會成爲臺灣盛景之一，陣頭、藝閣拚館拚陣，因
此有「五月十三人看人」俗諺。

　　這則報導提到日據初年的黑死病一事，可以參看本書的第七章。內容跟
廟方的說法有些出入。「城隍出巡繞境百年」也是扭曲的記憶，正確的說法是
一百一十八年（1979～1997）。表示廟方人員和記者只有一個模糊的記憶，沒
有仔細的去查證過。

　　同時在廟旁永樂市場的廣場，由唐美雲歌仔戲班演出精彩的歌仔戲「三
仙會」。爐主黃葉多梅出任董事長的臺灣鳳梨公司，在迪化街一段九十八號，
舉辦臺灣鄉土風味茶點品嘗會，有鹹光餅、仙草粉條、雞卷、五香卷、油飯、
魷魚和綠豆糕等點心。〔註90〕

　　參加的遶境遊行隊伍中午十二時三十分在重慶北路三段民族路派出所前
集合，下午一時出發，遊行路線爲民族西路、延平北路三段、二段、涼州街、
迪化街一段、塔城街、長安西路、承德路、民族西路解散，預計下午五時許
結束。遊行的隊伍除了南管、北管、什音、鼓吹、西樂等，另外還有獅陣、
龍陣、宋江陣等陣頭。〔註91〕

　　很多年沒有報導城隍爺出巡的景象。今年一反常態，用相當大的篇幅報
導城隍爺出巡時的盛況，大有復古的意味：〔註92〕

　　陰霾多日後終於露臉的艷陽，讓昨天臺北市大稻埕霞海城隍誕辰廟
會重現當年「五月十三人看人」盛景。陽光下摩肩接踵的人潮爭睹
陣頭「拚陣」，也爭著撿拾神隊灑下的「鹹光餅」、糖果，迤邐數公
里的陣頭從民權西路、迪化街口就開始回堵，每一隊使盡全力在城

〔註90〕沈長祿，〈臺北廟會　霞海城隍廟眾神　今遶境〉，《聯合報》第 16 版「都會
掃描」，民國八十六年（1997）六月十七日。

〔註91〕邱淑宜〈今起四天　霞海城隍爺　明百年遶境〉，《聯合晚報》第 18 版「臺北
都會」，民國八十六年（1997）六月十六日。

〔註92〕紀慧玲，〈大稻埕霞海城隍誕辰廟會　迪化街盛況令人回味無窮〉，《民生報》
第 19 版「藝文新聞」，民國八十六年（1997）六月十八日。

隍老爺前演出，遶境隊伍走走停停，夾道民眾大飽眼福。

昨天的霞海城隍廟會，拜天公之賜，吸引數千民眾。除「中日婦女會」代表，也見到不少西方臉孔。他們對七爺、八爺一矮一高的大形傀儡神像相當感興趣，對遶境隊伍一馬當先的八家將，更不忘捕捉鏡頭。屬於「永樂金獅團」的八家將，昨天一式新行頭，嘴含利齒，模樣猙獰，但操演的套數、隊伍又都講究畫面之美，常常「停格」讓民眾拍照，經驗十分老到。

陣頭依序是八家將、飛舞獅團、清心樂社、和樂軒，一直到靈安社壓陣。不論大鼓吹、北管、八音，都吹得賣力，嗩吶常延音數分鐘之久，與城隍廟鎮日不歇的鐘鼓相和。七爺八爺相迎的畫面甚受歡迎，矮胖的七爺必須奔逐一百多公尺，告知八爺。八爺有時挺起身子相迎，有時奔向對方。每一次都引起民眾歡呼。隊伍在迪化街繁榮的市招下通過，住戶商家準備素果香燭祭拜，每一神將通過，就燃炮獻敬。到下午四時前，廣場炮屑已堆積近十公分高，熱度還持續升高。

陳美雲歌劇團昨應邀獻戲。戲棚下民眾說：逢這種大日子，獻戲二棚等於一棚。不論是否屬實，陳美雲劇團昨也著實出動大批人力，為廟會增添另一分鬧熱。

　　中華觀光開發中心、大稻埕霞海城隍廟和臺鳳公司等單位從七月六日起至次 1998 年六月廿八日，舉辦「大稻埕逍遙遊」文化資產巡禮系列活動。〔註93〕

十八、1998 年

　　霞海城隍廟從 1994 年開始重修，歷經四年多，方才完成。原訂在 1997年霞海城隍誕辰舉行的正式啓用典禮，由於忙著辦理年貨大街和固有的慶典活動，可用的時間只有八個月，以致延宕了一年，在今年的五月十七日正式落成，舉行重修慶成大典。報上對這次的大典有如下報導：〔註94〕

〔註93〕沈長祿，〈臺北廟會　霞海城隍廟眾神今遶境〉，《聯合報》第16版「都會掃描」，民國八十六年（1997）六月十七日。
〔註94〕周美惠〈大稻埕　霞海城隍廟昨慶再生　重修慶成大典上，各式民俗祭儀在廟埕熱鬧演出，信眾與學子見證古廟新生〉，《聯合報》第14版「文化」，民

歷經四年餘的重修工程，臺北市大稻埕霞海城隍廟昨天舉行重修慶成大典。

為了慶祝大稻埕城隍廟重修落成，昨天從早上九時開始，先後由林金鍊以「鍾馗踢廟門」開廟、玉天宮「七仙女獻花」、宜蘭福蘭社以北管排場「天官賜福」、「鼓陣」等民俗祭儀在廟埕輪番登場，趕廟會的信眾與前來考察古蹟的學子，一同見證了大稻埕霞海城隍廟的新生。

大稻埕霞海城隍廟原為家族奉祀的家廟。清道光元年（一八二一年）由福建同安人陳金絨奉請來臺後，最初奉祀在艋舺（今之萬華），一八五三年，艋舺發生「頂下郊拼」，才被信徒遷移到大稻埕。

大稻埕霞海城隍廟現任負責人陳文文是陳家第六代子孫。她說，自從一八五六年奠基建廟以來，該廟共重修三次，第一次在一九三四年，第二次在一九八〇年，第三次在一九九四年農曆三月十八日動工。由於動工後，因迪化街年貨大街，以及原有的城隍廟慶典等，每年只剩下八個月重建時間，因此延宕至今才完工。

對於霞海城隍廟重建的成績，陳文文頗為自得，但她也有遺憾，由於廟埕前的土地所有權分屬公家及私人，目前兩旁有商店破壞了廟埕外觀的完整性。

大稻埕霞海城隍廟建地只有四、五十坪，但它「廟小而靈」。傳說城隍廟坐落在雞母穴（一說是在蜂巢穴）上，神威庇佑眾生。因此大稻埕的商賈、居民皆受其恩澤。此外，民間有俗諺「五月十三人看人」，即用來形容農曆五月十三日，大稻埕霞海城隍廟大拜拜時的盛況。

隨著大稻埕霞海城隍廟重修慶成，陳文文期望，能藉廟會、大稻埕逍遙遊等文化活動，吸引人潮、回復迪化街當年的熱鬧情景。臺大建築與城鄉研究所博士候選人葉乃齊則認為，霞海城隍廟可視為當地的人文凝聚點，重新再造迪化街區的生命力。

　到了二十世紀末，臺灣的知識份子不再像世紀初那樣的仇視本國的文化與宗教，反而是以一種「疼惜」「愛護」的態度來對待之。因此在新聞報導上

國八十七年（1998）五月十八日。

所用的語氣也就完全不同。在先前一百年左右的報導中，很少提到霞海城隍廟的儀式行為。這一年的修復落成典禮中，有「跳鍾馗除煞」的節目。紀慧玲報導了這個節目如何進行：〔註95〕

> 北市霞海城隍廟舊廟整建完成，擇定良時，昨邀請布袋戲藝人林金鍊主持跳鍾馗除煞、開廟門儀式。
>
> 上午十時，林金鍊擎面貌兇惡、紅袍黑帽的驅鬼大師懸絲「鍾馗」，在布置好的法事會場舉行一連串科儀。「跳鍾馗」是除煞淨壇常用儀式，布袋戲演師過去多須兼學此法事。林金鍊為布袋戲大師李天祿門生，晚近改以除煞為主業，由於經常應邀於文化場合配合演出，除了儀式功能，亦兼具表演性。

負責整個修建工作的華梵大學建築系副教授徐裕健更清楚的表示，古蹟修復在保存硬體之外，更重要的是人文軟體的修復。古蹟應作為文化教育的教室。因為現代人的生活空間已跟古人的生活空間脫節太遠，不再知曉古人為了讓廟宇安穩吉祥所做的各種儀式行為，諸如：安地龍科儀法事，七星火、九宮符等。在修復的過程中，一一的恢復起來，不僅僅回復的原來廟貌，更回復相應的神聖信息空間。〔註96〕

這一年的霞海城隍誕辰的慶典活動變得格外豐富。城隍廟和八大軒社一起籌辦慶祝霞海城隍爺渡臺一百七十八年的活動。一年前，市政府推動「迪化街造街活動」，把參差錯落的舊招牌改成統一規格的新招牌。在這個慶典中，各家商店一起更換掛上新的店招。讓古舊的迪化街以亮麗和懷古的面貌，展現多姿多采的魅力。〔註97〕

整個慶祝活動長達一個月。六月三日下午六時舉辦眾神繞境夜遊；六月五日和六日下午六時舉辦眾神暗訪城隍爺活動。

六月六日晚上七時舉辦超人氣大型晚會，有歌舞、特技和歌仔戲等表演，由林照雄擔任節目製作，小亮哥主持節目，有黃香蓮、況明潔、羅碧玲、金佩姍、蔡秋鳳、劉爾金、白冰冰、潘麗麗、陳文山、楊秀惠和林照雄等演藝

〔註95〕紀慧玲，〈跳鍾馗 開廟門〉，《民生報》第19版「藝文新聞」，民國八十七年（1998）五月十八日。

〔註96〕賴素鈴，〈霞海城隍廟新理念復舊觀 融會近年古蹟修復多樣觀念 發掘豐富人文訊息〉，《民生報》第19版「藝文新聞」，民國八十七年（1998）五月十八日。

〔註97〕沈長祿，〈霞海城隍爺 今繞境夜遊〉，《聯合報》第19版「臺北生活」，民國八十七年（1998）六月三日。

人員表演歌舞。當晚還放映電影供民眾觀賞至天明。

　　六月七日（農曆五月十三日）城隍爺誕辰當天舉辦千人以上迎神繞境遊街活動，有百年以上的神將出巡慶祝迎神，活動走過足足一百年的歷史。場面非常熱鬧。沈長祿和周美惠對這個熱鬧的景像做了精彩的報導：〔註98〕

　　饒富盛名的大稻埕霞海城隍誕辰祭典，昨天屆滿一百周年。在淫雨霏霏的午後，迪化街一帶鑼鼓喧天，近二十個陣頭前來鬥鬧熱，遊行隊伍超過一公里。圍觀的群眾層層疊疊，爭睹藝陣變化隊形，一邊還得躲著隨時可能欺身而來的鞭炮硝屑，正是臺灣俚諺「五月十三人看人」的最佳寫照。

　　霞海城隍廟甫修繕完工不久，從端午節迄今已舉行過一連串的暗訪、遶境夜遊活動。昨天的城隍誕辰祭典遇天雨，所有的神將一律戴上超大型透明雨帽遊行，遠遠望去煞是有趣。周遭圍歡的群眾有的撐傘、有的穿上雨衣，也有的索性在頭上披條毛巾。

　　霞海城隍廟管理人陳文文說，一八九八年臺灣地區發生大瘟疫，當時迪化街的仕紳向統治者（日本人）建議，以傳統大拜拜「迎神壓煞」。日本人當年在濁水溪以北只准許霞海城隍廟舉行迎神賽會，今年正好是這項饒富歷史意義的迎神廟會滿一百年。

　　有一百二十八年歷史的臺北靈安社、慈聖宮平樂社、共樂軒、新樂社等十九個陣頭、近千人，昨天皆參與霞海城隍誕辰祭典。有趣的是，八家將在遶境時，還學著電影「忠仔」裡的八家將表演，向空中拋撒冥紙，這是以前沒有的「招數」。今年城隍爺誕辰慶典活動，是該廟舉辦的第一百年慶典活動，也是霞海城隍爺渡臺一百七十八年誕辰，該廟舉辦盛大慶祝系列活動，有超人氣大型晚會、歌舞、特技和歌仔戲表演、電影欣賞晚會、迎神遊街供信徒膜拜和各廟宇眾神遊街到大稻埕霞海城隍廟向城隍爺拜壽等活動。

　　雨下個不停，有人不禁問：「為什麼不求城隍爺別下雨？」但有人極力反對，因為這一帶以做生意的居多，愈是下雨「錢水愈活」。陳文文說，過去的城隍廟會也常遇雨，有人戲稱這是因為廟名為「霞海」

〔註98〕沈長祿、周美惠〈霞海城隍爺　昨慶誕辰　臺北迪化街午後鑼鼓喧天，近廿個陣頭參與了百年慶典遶境遊街〉，《聯合報》第14版「文化」，民國八十七年（1998）六月八日。

容易帶雨。

六月十五日迪化街門面美容，拆卸舊式招牌，換上整齊古典看板；六月廿六日起，拆除城隍廟臨時紅壇，廣場和花園動工美化綠化；六月廿九日起，迪化街藝術走廊開工，「疼惜咱走過的路」開始鋪設澳洲紅磚。〔註99〕

十九、1999年

這一年有關霞海城隍誕辰慶典的報導都很簡短。一如往例，先報導在六月二十四日、二十五日晚上六時起，城隍老爺要暗訪了。將有十多個陣頭、鼓亭和八家將護駕，在大龍峒和建成區夜巡。二十四日夜巡大同區的北半部大龍峒，二十五日夜巡大同區的南半部，也就是舊的建成區和延平區。配合迪化街年貨市及例行廟會活動所需，廟方印製了「大稻埕·逍遙遊」傳單供民眾索取〔註100〕。

這一年的總統選舉競爭激烈，廟會一向是兵家必爭之地。霞海城隍誕辰的慶典可以吸引成千上萬的民眾，自然是候選人的最愛。國民黨總統候選人連戰的夫人連方瑀要來參加設在迪化街九十八號臺鳳公司總部前的祭壇在正午十二時所舉行的祭典。為了維護她的安全，在廟會的當天，六月二十六日，特地實行交通管制。〔註101〕

霞海城隍爺遶境遊行的路關表記載，遊行活動將從重慶北路三段與民族西路口開始，經民族西路、延平北路三段、二段、涼州街、迪化街一段、塔城街、長安西路、承德路一段、二段、至民生西路口解散。〔註102〕

對於連方瑀的來訪情形，李漢昌、胡寶璉有專文報導，不但提到連方瑀的活動，也提到市長馬英九也前來上香：〔註103〕

臺北市大稻埕霞海城隍廟昨天慶祝城隍爺一百七十九歲誕辰，副
總統夫人連方瑀前往上香。她隨後沿迪化街和群眾握手，並到臺

〔註99〕同上註。

〔註100〕范植明，〈霞海城隍誕辰　今明夜巡〉，《聯合報》第19版「臺北生活」，民國八十八年（1999）六月二十四日。紀慧玲，〈霞海城隍暗訪〉，《民生報》第7版「文化風信」，民國八十八年（1999）六月二十五日。

〔註101〕范植明，〈城隍爺誕辰大遊行　大同區午時起管制〉，《聯合報》第17版「歡樂嘉年華」，民國八十八年（1999）六月二十六日。

〔註102〕同上註。

〔註103〕李漢昌、胡寶璉，〈霞海城隍誕辰　連方瑀掃街〉，《聯合報》第17版「臺北焦點」，民國八十八年（1999）六月二十七日。

鳳公司董事長黃葉冬梅和前布商公會理事長宋順益家中，顯示正
為連戰競選總統，努力在基層扎根。之前，她曾到大葉高島屋百
貨公司參加義賣活動。

俗諺「五月十三人看人」。昨天適逢農曆五月十三，繼本月十九日
以來的暗訪等活動，昨天下午是霞海城隍廟廟會的最高潮，有十
五個來自全臺各地的陣頭前往遊行祝壽。遊行隊伍自昨天下午一
時自重慶北路與民族西路交叉路口出發，經民族西路、延平北路
三段及二段、涼州街、迪化街、到霞海城隍廟，在廟前表演及禮
敬之後，經塔城街、長安西路、承德路一段、二段，至民生西路
口解散。

下午二時，市長馬英九前往霞海城隍廟上香祝壽，再到迪化街一
段九八號的該廟祭典協會，向霞海城隍爺神像上香。由該住宅的
房東，也是祭典協會理事長、臺鳳公司董事長黃葉冬梅接待。

連方瑀下午三時廿分抵達，也到這兩個地方上香，她以臺語祝禱
風調雨順、國泰民安，大家發大財。之後，她沿迪化街與商家握
手，最後繞到民生西路的前布商公會理事長宋順益家中，停留半
小時。宋送她一對玻璃框裝的類似交趾燒的小麒麟，上面寫著連
戰連勝。

至於慶典本身的熱鬧情形就不是新聞報導所關心的重點了。

二十、2000 年

從 1996 年起，迪化街開辦年貨大街，趁著過年，振興地方的商業。原始
的構想跟 1920 年提倡藝閣遊行以振興地方經濟的手段是一致的。現在只是把
商業活動與宗教活動分開而已。今年大同區所主辦的「臺北二○○○年貨大街」
活動，從一月二十二日開始，至二月四日，為期十五天。二十二日下午六時
由市長馬英九主持迪化街商圈、華陰街商圈和寧夏路商圈三地連線點燈開
幕，廿三日下午六時卅分市長馬英九從迪化街依路線巡視寧夏路商圈，安排
試吃小吃後再到華陰街商圈慰問店家，並到普濟寺拜拜。

迪化街商圈從一月二十二日開始至二月四日每天舉辦系列活動，包括遊
藝大同地球村、臺語吟詩比賽、紙影表演製作、臺語歌唱比賽、婆妞慶千禧、
遊藝樂舞飄香、行動偶戲、視障者音樂會、臺語辯論比賽和林老師說故事等

活動。主辦單位在迪化街霞海城隍廟旁搭建了一座辦活動用的舞臺。〔註104〕

　　元宵節時，有「臺北燈會」活動。大同區公所安排二月十九日下午三時迌晚上九時，在霞海城隍廟前的廣場，有俗節慶、傳統美食、臺語老歌演唱會。〔註105〕二十日，霞海城隍廟特地安排「古蹟導覽」活動。有一百多人參加。參觀大稻埕老街和多處古蹟。〔註106〕

　　每月第一、三周日上午八時至十二時，霞海城隍廟自行舉辦「大稻埕逍遙遊」活動，有專人解說，徒步旅遊慈聖宮、太平國小、永樂國小、大稻埕教堂、王有記茶行、蓬萊閣、海關博物館、李臨秋故居、錦記茶行、鹽館、布市、城隍廟等地。電話預約報名。

　　八家將一向是由男生擔任。由於霞海城隍廟的主持陳文文是女性，她就提倡由女性來跳八家將。組織金枝演社，向嘉義市古桃城拱吉堂師父及嫡傳弟子學習跳八家將。周日在霞海城隍巡行的行列中，首次公開展示學習的成果。十三名團員中只有一名為男性，其他都是女性，成了「女家將」。〔註107〕

女生的八家將

〔註104〕沈長祿，〈年貨大街三商圈　明點燈開幕〉，〈聯合報〉第17版「臺北焦點」，民國八十九年（2000）一月二十一日。

〔註105〕張仁豪，〈點燈提燈迎元宵　夜遊猜謎闔家歡〉，《聯合報》第17版「臺北焦點」，民國八十九年（2000）二月十四日。

〔註106〕張仁豪，〈燈會周三落幕　賞燈請搭大眾運具〉，《聯合報》第19版「臺北生活」，民國八十九年（2000）二月二十一日。

〔註107〕修瑞瑩，〈金枝降魔頭一遭　女家將跳脫禁忌　後天在廟會首演　金枝演社成員不少碩士博士　向傳統家將學習多時　15分鐘跳家將　動作神韻都不含糊〉，《聯合晚報》第4版「話題新聞」，民國八十九年（2000）六月九日。

　　霞海城隍的廟會已經不再有魅力，代之而起的是月下老人。主持陳文文創造了一個合乎現代人需求的神話，爲霞海城隍廟增加了一項新的功能：月下老人。聯合晚報的記者修瑞瑩報導的這種不落痕跡的轉變：〔註108〕

　　　浪漫的七夕即將來臨，如果你的身邊還沒有一個他（她），趕快去拜月下老人，臺北市供奉月老的寺廟不多。大同區享有盛名的霞海城隍廟裡有一尊月老。每年信眾因結成良緣而拿著喜餅來還願的有近百對之多，信眾爲了求得良緣而供奉的砂糖更是每個月上千斤，香火鼎盛。一般人只知道霞海城隍廟裡有城隍爺，不知道還有一尊月下老人，其來源相當有趣。據寺廟主持人陳文文回憶，大約在二十多年前，有一位住在附近的太太經常來廟裡拜拜，從年輕拜到老，年輕時是祈求丈夫事業順利，接著是求小孩、求考試，孩子大了又求能結得良緣。有一天這位太太拜著流下淚。旁人好奇就問她爲什麼哭。她就說覺得自己實在太自私了，從年輕拜到老，城隍爺光是管她們一家人的事就管不完，詢問有什麼方法可以幫幫城隍爺。最後有人幫她出主意，乾脆請一尊月老，可以幫城隍爺管姻緣的事，城隍就不會這麼忙了。這位太太覺得對，經人介紹，請臺北縣當時最有名的一位老師傅，雕了一尊月老送給廟方。月老來了之後，努力幫世人成就良緣，眞的幫了城隍爺許多忙。月老供奉在城隍左側，圓胖可愛的臉受到信眾的喜愛，因長年受到香火燒燻，白色的鬍子變成黑色。供桌前常可見到信眾供奉的喜餅及砂糖等。月老到底靈

────────────────

〔註108〕修瑞瑩，〈七夕找個伴　請月老幫忙吧知不知？霞海城隍廟有月老　每月砂糖供品上千斤靈不靈？每年還願喜餅近百盒〉，《聯合晚報》第12版，民國八十九年（2000）八月三日。

不靈？寺廟主持人陳文文說她也不知道，但是拜月老如果順利結良緣，信徒就會拿喜餅來還願。她曾經估算過，一年有近百盒的喜餅，成就的良緣應該不少。有一次還有一名信徒拿了十二萬元加上喜餅來還願。她嚇了一跳，探問之下才知道是女方接到的聘金，高興之餘，統統拿來還願。常可以看到適婚年齡的男女在月老前拿香，口中唸唸有詞。不知道從何時開始，拜月老用三樣祭品，砂糖、紅絲線及銅錢。拜完之後，再從月老肩披的紅絲線上取下一條，不能多取，否則可能出現「多角戀」。每包砂糖一斤多，每天都可以收到二、三十斤以上的砂糖。廟方的砂糖過多，就拿來煮甜湯送人喝。霞海城隍廟的甜湯「平安茶」相當有名，每年到過年時，一煮就是數十大鍋，總統陳水扁也曾喝過。但很多人不知道用的糖裡包含著對情愛的渴求。雖然拿來煮茶，但砂糖還是用不完，並分送給育幼院、老人院、遊民所等。有人說戀愛就是靠一股勇氣，成就良緣則靠決心。拜月老也許就是給單戀的人一股勇氣，給猶豫不決的人信心，周日（6日）就是七夕來臨，不妨走一趟城隍廟吧！

記者張仁豪也在聯合報上發布相同的消息〔註109〕。在聯合報系的廣告宣傳下，霞海城隍廟開始吸引年輕男女前去燒香膜拜，祈求姻緣，附近的店家也順勢推出供奉月老的供品：紅棗、桂圓、糖菓、金紙。

圖 14-1　月下老人

〔註109〕張仁豪，〈七夕拜月老　霞海城隍廟信眾多〉，《聯合報》第 19 版「臺北生活」，民國八十九年（2000）八月三日。

第十三章　絕代風華

　　表面上看起來，蔣經國掌政時期嚴格壓制霞海城隍祭典大拜拜活動似乎成效卓著。臺北市布商公會率先響應，會員不再大排宴席，改成集體包乘遊覽車到外地名勝之處遊玩一天，甚至舉辦釣魚比賽，行之百年的大拜拜習俗一下子就被改革了。

　　事實上，眞的如此嗎？從大稻埕的發展軌跡來看，大拜拜的沒落、祭典儀式的改變，以及霞海城隍廟在大稻埕角色的變化，是都市發展必然的結果。蔣經國時代的強力改革只是一個有效的催化劑，讓這些改變加速完成而已。

第一節　改革成功的部分：祭典形式

　　在整理從民國四十年以來有關霞海城隍廟及其祭典活動的資料時，看到每年臺北市政府在廟會來臨前兩三天，一定會發表聲明，呼籲市民要節約拜拜，不要殺豬宰雞來做供品，改以鮮花、素果，不要鋪張浪費的宴客，把錢省下來，做社會公益活動等。從民國四十一年（1950）起，就如此呼籲。一直到民國一百年（2011），還是如此。六十年的連續呼籲，形同疲勞轟炸。可是現在回頭來看這幾十年的呼籲，還眞的有其功效。

　　現在回顧蔣經國時代的改革，最成功的地方是原先供在廟庭前面的三牲酒醴不見了，代之而起的是在廟前長條供桌上擺滿了各種的鮮花、素果、旺旺米果、糖菓、餅乾、海苔、罐裝飲料，以及其他各式各樣的加工食品。這

種影響是全面性的。而今，全臺灣的廟宇舉行祭典儀式的時候，在神前的供桌上，總是擺滿鮮花素果。有時候，連豬、牛、羊三牲都改用麵粉做成。連孔廟大成殿上舉行祭孔大典時必備的少牢牲禮，也被素食者改用麵食堆成的豬、牛、羊來替代。〔註1〕

　　各地的廟宇在祭典期間往往要求與會信眾「吃素」，甚至「全市禁屠」，一天或一段日子。在這裡用「吃素」一詞，是有特定的意涵，那就是「不殺生」，不是單純的吃蔬菜。現代素食餐加了太多人工添加劑的素食料，到底是葷還是素，只有天知道。至於另一個常聽到的名詞是「持齋」，原始的意義是「靜下心來，跟祭祀的對象有所溝通」，跟吃什麼東西沒有關係。不過現在人混用這兩個詞彙，都是指「不殺生」。

　　每到農曆的清明、端午、中元、中秋等民俗節慶時，旺旺、統一、維力、金車、聯華等食品公司莫不大做廣告，宣揚用他們所生產的糖果、餅乾、咖啡和飲料來祭拜神明和祖先，將會得到非常大的福佑。在大賣場，各大食品公司更是強力促銷應景的各種糖果餅乾和飲料。這些糖果餅乾和飲料堆積如山，讓人有一種「富裕豐盛」的感覺，也代表當時社會的飲食文化，食材種類走向多樣性的發展。

　　每逢初一、十五，人們會到廟裡燒香。供品桌上，雞鴨魚肉已少見，主要都是美麗的鮮花、少量的糖果餅乾，或其他糕點，再加上一疊金紙，連鞭炮都省了。舊時代的店東在初二、十六時，會提供員工一次肉食，稱之為「打牙祭」。這個習俗依舊見於現在的臺灣。許多頻繁接觸客戶的機構，如銀行、商店、飲食店、酒店、按摩店，以及公司行號等，會在初二、十六的下午兩點，在店門口，擺上供桌，上面擺滿鮮花、糖果、糕點。每一個物件上都插上一支香。老闆、經理和全體員工一起上香祝禱，燒金紙，祈求平安、好運。然後一起分享供桌上的祭品。在形式上，把原先由老闆提供的肉食，改為由員工自己出錢購買供品現代的糕餅、點心、咖啡和飲料。

〔註1〕 1988年4月17日在臺北大龍峒孔廟的春季祭孔，由民間團體聯合舉辦，首度採用素食麵製品的太牢，四豬、兩羊、一牛之禮。但是官方主辦的儀式，仍然維持傳統的牲禮。本次祭祀活動為第一次由民間辦理。主辦單位為國際獅子會三○○A一區第二專區，並由臺北市補習教育協會、臺北市臺中縣同鄉會、臺北市聯合報產業工會及郭元益食品公司共同協辦

圖 12-1　每逢初二、十六日銀行人員利用下午停止對外營業時間祭拜

圖 12-2　警察局在中元節祭拜好兄弟

圖 12-3　商家在「初一、十五」或「初二、十六」祭拜土地公

　　在這種改革風氣之下，連帶而來的是臺灣的素食風氣開始蓬勃發展。一些主張素食的教派得到良好的發展機會，大力宣揚素食的好處。衛生單位不斷的提醒民眾，國民的體重超過標準值太多，需要減肥。減肥的最好辦法就是「多食蔬菜少吃肉」、「每天食用五色蔬菜，可保全家平安健康。」各大報紙的家庭版和醫藥版更是三步五時的宣揚「蔬食」「素食」的好處。相對的，也讓幾千年來，歷代祖先所喜好的肉食，特別是豬肉和豬油，被強力的污名化。每逢佳節，總會有一些不識趣的醫生在電視和報紙的醫療版上說：「吃一個月餅會胖多少公斤」、「吃一個粽子會增加多少卡路里」、「什麼東西太過油膩，不要多吃，以免壞肚子」這一類善意但是掃興的話。更有保育團體站出來呼籲拒吃燕窩、魚翅。結果，把原本想要享用佳節美食的心情，弄得草木皆兵，吃也不是，不吃也不是。

　　在反共抗俄年代的當下，一切的活動以勤儉建軍為原則，將大拜拜視為浪費的行為，但是這種論點禁不住市場經濟的考驗。在經濟學的理論中，儲蓄、投資與消費都是非常重要，消費能刺激貨幣周轉率，促進生產與經濟成長。廟會活動就屬於刺激生產的消費行為，能夠促使內需成長，增加當地商家收入，提高政府部門的稅收，可以算是一舉數得。在解嚴之前，交通部觀光局就以臺灣的廟活動對國外宣傳，招徠國際觀光客；解嚴之後，各級地方

政府競相以此宣傳觀光,並且直接參與或給予輔助經費,其中以大甲媽祖出巡最著名。現在政府部門對於廟會活動不再持反對的立場,只求在環保健康、節能省碳的原則之下,鼓勵民間寺廟辦理這類活動。尤其在「有人潮就有選票」的情形之下,政府首長絕對會親自出席大型的廟會。霞海城隍廟就在這個氣氛之下,發展出多樣性的文化活動。

圖 12-4　2012 年臺中大甲媽祖繞境,在員林、北斗一帶,居民在家門口設香案,祖孫三代一起等候神轎的來臨。這種情形在臺北市比較少見。

在迎神繞境的活動中，報紙一直把焦點放在神明的隊伍，忽略了地方人士的配合。迎神繞境的意義，一方面是神明在鼓樂前導、鞭炮聲不絕、信眾前簇後擁的情況下，前來灑淨社區，庇佑眾生；另一方面是社區街道兩旁的居民要在自家門口設立香案，佇立恭迎神明的到來。如此方才達到「人神合一」的境界，得以彰顯神明巡行繞境的功效。香案上可以只有香燭金紙，也可以擺上瓜果、糕點，有心人更用鮮花來裝飾。在大甲媽祖到新港奉天宮繞境的活動中，媽祖神轎所過之各村鎮的道路兩旁，居民大都會在家門口擺上香案，放上一些水果、鮮花和飲料。在家中老人的率領下，全家佇立在香案旁，耐心等待媽祖神轎的經過。虔敬之心，溢於言表。迎請霞海城隍的繞境原本也應該如此，可是在歷年的報導中，從來就沒有人注意過這個景像。

我在 1988 年第一次跟隨霞海城隍的隊伍去暗訪時，就發覺到，大稻埕的商家對霞海城隍祭典活動並不如想像之中那麼熱衷。暗訪時隊伍所經過的街道兩旁，很少有商家會在店門口擺設香案，只有轉進老社區之後，方才看到許多家戶在自己家門口以香花素果所陳設的香案。主人手持長香禮敬暗訪的隊伍。在正式迎神繞境的那一天，絕少看到街道兩旁的商家設立香案，老闆帶著伙計手拿長香，虔誠的恭候城隍老爺到來的場景。這種變化就引發出下面一個主題：為什麼商家不設香案來迎城隍？因為大稻埕人口結構發生了根本上的變化，現在的商店都是新來的，自然不會參與舊活動。首先來看大稻埕人口的變化。

第二節　發展上的罩門

大稻埕的衰退是命中註定的事，因為它沒有發展的腹地。

大稻埕興起於 1860 年。很快的就發展成為北部主要的港口。清代沒有留下詳細的人口資料。日人據臺之後，方才有人口調查。「日本陸地測量臨時測圖部」隨著派來占領臺灣的軍隊所測量的二萬分之一的《臺灣早先地形圖》，在臺北部分，村莊的分布像是天空的繁星點點。

圖 12-7　臺灣早先地形圖

臺灣早先地形圖局部─臺北盆地部分，1895（南天書局提供）

　　光緒二十一年（1895）時，臺北盆地，包含基隆在內，有市街 211 條，全部人口總數是 14,117 戶，85,101 人。約占當時臺灣總人口的 21%。這 211 條市街中，大稻埕就有 60 條，居第一位，其次是艋舺 44 條，接下去依次是滬尾（淡水）25 條，新莊 18 條，基隆 15 條，臺北城內 11 條，枋橋（板橋）10 條，大嵙崁 6 條，士林街 5 條，石碇庄 4 條，大平林 4 條，萬盛庄 2 條，貢寮庄 2 條，樹林庄 2 條，錫口街 1 條。把這些市街依序排列起來成為下表：

表 12-1　1895 年臺北盆地境內（含基隆）所有街肆規模排序表

堡　名	街庄名	境內街數	戶　數	人口數	百分比	排名
大加蚋堡	大稻埕	60 條	3,802	27,607	7.1033	1
大加蚋堡	艋舺	44 條	2,611	17,903	4.6064	2
基隆堡	基隆	15 條	1,392	7,025	1.8075	3
芝蘭三堡	滬尾	25 條	913	4,928	1.2680	4
興直堡	新莊	18 條	755	4,067	1.0464	5
芝蘭一堡	士林	5 條	592	3,028	0.7791	6
擺接堡	枋橋城	10 條	448	2,770	0.7127	7
海山堡	大料崁	6 條	404	2,662	0.6849	8
大加蚋堡	臺北城	11 條	925	2,528	0.6505	9
文山堡	新店	4 條	317	1,716	0.4531	10
大加蚋堡	松山	錫口街	275	1,624	0.4179	11
三貂堡	貢寮庄	2 條	218	1,391	0.3579	12
擺接堡	永豐庄	枋寮街	173	1,063	0.2735	13
文山堡	深坑庄	深坑街	120	839	0.2159	14
文山堡	石碇庄	4 條	167	769	0.1979	15
石碇堡	暖暖	暖暖街	147	669	0.1721	16
芝蘭二堡	和尚洲	店仔口街	121	629	0.1618	17
金包里堡	金山庄	金包里街	125	562	0.1446	18
海山堡	樹林庄	2 條	95	541	0.1392	19
三貂堡	雙溪庄	頂雙溪街	141	521	0.1341	20
文山堡	萬盛庄	2 條	77	483	0.1243	21
海山堡	三峽庄	三角湧街	91	447	0.1150	22
大加蚋堡	大龍峒	大龍峒街	33	355	0.0913	23
芝蘭二堡	關渡	中北街	54	293	0.0754	24
海山堡	鶯歌庄	尖山埔街	47	236	0.0607	25
擺接堡	秀朗庄	店仔街	35	217	0.0558	27
文山堡	坪林庄	坪林尾街	39	183	0.0471	28
小計		221 條	14,117	85,101	21.8964	
臺北總和		1.264 條	66,469	388,653	100.0000	
全臺百分比			17.48%	21.2%	21.90%	

資料來源：《臺北建城 120 週年》臺北市：臺北市政府文化局，2004 年，頁 22。

　　這是臺灣剛剛割讓給日本時的人口記錄。在 1915 年的第二次臨時臺灣戶口調查時，大稻埕的人口數是 43,424 人。

　　光復後，規劃臺北市行政區域的時候，鑒於行政區的職責是管理眾人之事，因此以人口為主要的考慮項目，不以土地面積的大小寬窄作為劃分依據。因此，當時所規劃的行政區域，大致以五萬人為基準。人口數與土地面積的比例差別非常大，如下表所示

表 12-2　　臺北市各區土地面積與人口數表

項目	大同	延平	建成	中山	城中	龍山	雙園	古亭	大安	松山	全 市總面積
面積	295.98	122.38	75.64	1,375.58	389.45	135.73	522.99	669.87	1,057.12	2,071.98	6,698.72
百分比	3.12%	1.52%	1.03%	18.51%	4.42%	1.35%	5.85%	8.55%	15.12%	28.12%	100.00%
人口	42,863	58,835	52,707	53,261	52,250	51,499	31,357	57,781	47,559	36,200	484,319
百分比	8.88%	12.16%	10.88%	10.98%	10.77%	10.63%	6.46%	11.93%	9.80%	7.47%	100%

*時間：民國三十五年（1946）至民國五十六年（1967）。（土地面積的單位：公頃）

　　從〈臺北市各區土地面積與人口數表〉中，我們清楚看到大稻埕核心所在的建成和延平兩區，在土地面積上，只占省轄市時期全臺北市面積的 2.55%。而人口數卻高達 111,542 人，占全市人口總數的 23.04%。反觀松山區，土地面積占全市的 28.12%，人口卻只占 7.47%。這時期的大稻埕當然是臺北市、臺灣北部的首善之區。霞海城隍廟既是大稻埕民眾精神依托之所在，它的廟會活動當然就是臺灣北部地區的大事。這種優勢地位形成於 1920 年代，到 1960 年代之後，方才慢慢的衰弱下去。

圖 12-8　臺北市各行政面積人口比例圖

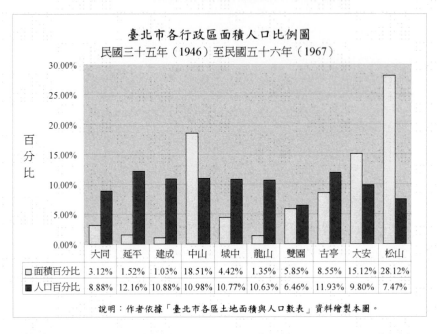

臺北市各行政區面積人口比例圖
民國三十五年（1946）至民國五十六年（1967）

	大同	延平	建成	中山	城中	龍山	雙園	古亭	大安	松山
□面積百分比	3.12%	1.52%	1.03%	18.51%	4.42%	1.35%	5.85%	8.55%	15.12%	28.12%
■人口百分比	8.88%	12.16%	10.88%	10.98%	10.77%	10.63%	6.46%	11.93%	9.80%	7.47%

說明：作者依據「臺北市各區土地面積與人口數表」資料繪製本圖。

　　當臺北市在 1970 年以後，快速發展時，土地面積最大的前三名是松山、大安與中山三區，成了都市建設和人口增長最快的地方，而建成、延平兩區卻是人口移出最多、發展最慢的地方，甚至出現負成長的現象。

　　中山區率先於民國四十四年（1955）突破十萬人。接著是古亭區和大安區也同時在民國四十五年（1956）突破十萬人。幅員最大的松山區發展比較慢。要到民國五十二年（1963）方才突破十萬人。大同區在民國五十三年（1964）也突破十萬人。中山區真的是臺北市發展最快的地方。於民國五十五年（1966）又率先突破 20 萬人。大安區急起直追。在民國五十七年（1968）也突破二十萬人。但是中山區後繼乏力，他的人口數直到 1990 年行政區域大調整，始終沒有突破三十萬人。

　　松山區由於幅員廣大，發展潛力最大。在民國五十二年（1963）突破十萬人之後，只花七年時間，在民國五十九年（1970）就突破二十萬人。再用五年時間，在民國六十四年（1975）又突破三十萬人。再過八年，到了民國七十二年（1983）時，就突破四十萬人。到 1989 年行政區域大調整之前一年，松山區的人口已高達四十五萬人。發展排名僅次於松山區的大安區，要在民國七十三年（1984）時，方才突破三十萬人。

　　大安與松山兩區都在臺北市的東邊。當東區急速發展的時候，位在西邊的舊城區一付老神在在的樣子。大稻埕核心所在的建成和延平兩區的人口數，一直徘徊在原有的五萬人上下。東區發展越快，西區人口外移的現象就越嚴重。當松山區在 1990 年初人口總數高達 454,416 人時，延平區剩下 34,983 人，建成區剩下 30,462 人。所以，松山區不得不切割成「松山」和「信義」兩區，而「延平」和「建成」兩區也不得不併入大同區。民國八十九年（1990）三月十二調整行政區，將原有的十六個行政區調整為十二個行政區。詳細情形請參看〈臺北市各區人口成長統計圖〉，以及〈臺北市各區人口統計表〉（附錄一、附錄二）。

　　在大同、延平、建成三區合併後，人口數為 151,188 人。而切割後的松山區是 218,133 人，信義區是 245,235 人，未被大幅切割的大安區成了龍頭老大，人口數高達 354,704 人，為全市之冠。在這種態勢下，大稻埕不再領導風騷，反而淪落到「落後、老舊、欲振乏力」的困境，於是才有「老舊社區改造」的計劃。

　　當臺北市於民國五十七年（1968）升格成為院轄市之後，在主計處所出版的《統計要覽》上，多了一個「臺北市各行政區人口消長」的表格。把從 1968 年到 1990 年行政區域調整為止，各行政區歷年的人口消長情形匯集起來，更可以看出大稻埕是如何在消退。詳見附錄三〈臺北市 1968 年～1990 年各行政區人口消長增減率〉，可以更了解人口消長的趨勢。建成和延平兩區特別用粗體標示。

圖 12-9　臺北市各區人口成長統計圖

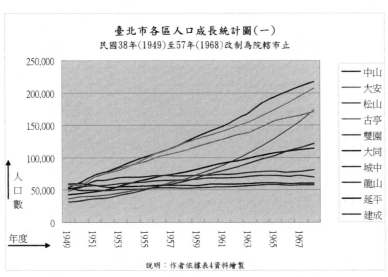

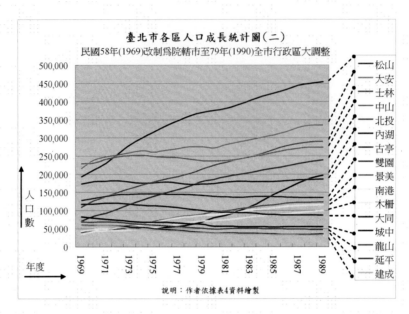

臺北市各區人口成長統計圖（二）
民國58年(1969)改制爲院轄市至79年(1990)全市行政區大調整

說明：作者依據表4資料繪製

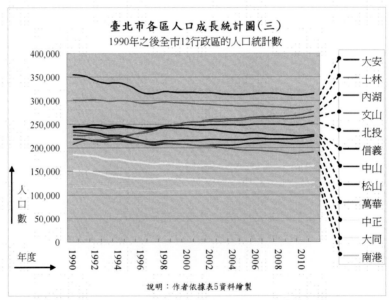

臺北市各區人口成長統計圖（三）
1990年之後全市12行政區的人口統計數

說明：作者依據表5資料繪製

　　由上述的圖表和附錄的人口統計表中，我們可以清楚的看到，大稻埕所在的建成區，在民國六十二年（1973）人口數突然下降 94.04%，延平區下降57.36%。以後連年大幅下降。一直到 1980 年稍爲停一下，隨後又緩慢的下降。這種現象在臺北市的發展史上是有重大的意義。

　　大稻埕從 1870 年開始成爲臺灣最大的港口，歷經了百年的累積，是臺北

市經濟實力最雄厚的金融中心。最有錢者是布商。以侯雨利、吳修齊〔註2〕、
吳三連〔註3〕等人為核心，號稱「臺南幫」。據說他們手邊握有的現金比當時
銀行的錢還要多，大稻埕因而成為當時民間拆借現金的重鎮。當臺灣開始經
濟發展時，他們以雄厚的資金，走出大稻埕，投資各種行業。至今臺南幫最
有名的事業就是「統一企業」。新光集團也是從大稻埕的布商起家，發展成為
「臺新」和「新光」兩個金融集團〔註4〕。其他行業的企業家族也創辦金融集
團，如鹿港辜家創辦了和信集團與中信集團、林本源家族的林明成經營華南
金控集團。

　　臺北市的發展也意味著大稻埕的商人以其雄厚的資本，走出大稻埕，創
造新的創業和發展的機會。大稻埕的六館街就是現在的南京西路。板橋林家
的「飲水本思源」五房加上帳房，在這條街上各有一間辦事處。往東走，過
了中山北路，就是南京東路一段，向東延伸，是為二段、三段、四段和五段。
大稻埕商人出走的第一站就是走到南京東路二段和三段〔註5〕。南京東路原本
是日據時代昭和十一年（1935）年時劃定的一條計畫道路。直到民國四十年
（1951）之前，還是瑠公圳的圳道與水田。民國四十年（1951）闢為防空疏
散道路。

　　民國四十五年（1956），臺北市政府接受美國援助的工程費，自籌土地徵
收、拆遷房屋及青苗的補助費。同時成立美援道路工程處，開始興建九條大
馬路：羅斯福路、南京東路、敦化北路、仁愛路三段及四段、新生北路、重
慶北路、松江路、民權東路、民權西路（延平北路以東）。

　　南京東路於民國四十六年（1957）完成。由於鄰近大稻埕，讓大稻埕的
資本和人口開始湧入這條大馬路的兩旁。最有名的例子就是新光集團，原先
是大稻埕的一家布店，繼而在士林開設新光紡織廠，再從紡織業跨足保險業、
金融業，他們的老家在南京西路今天的新光百貨公司，保險金融業務的總部
是設在南京東路三段。

〔註2〕　謝國興、蔡淑瑄、陳南之，《吳修齊先生訪問記》，中央研究院近代史研究
　　　　所，1992。
〔註3〕　吳三連口述、吳豐山記錄，《吳三連口述歷史》，自立晚報，1991。蔡金燕，《吳
　　　　三連傳》，南投中興新村：臺灣省文獻委員會，1997。
〔註4〕　黃進興，《半世紀的奮鬥：吳火獅傳》，臺北市：允晨文化，1986。
〔註5〕　南京東路的一段，北邊是日據時代的六條通到九條通，以及日據時代墳場所
　　　　在的三板橋，現在是林森公園。南邊是日據時代日本人的居住區，從一條通
　　　　到五條通。

從 1960 年代至今，南京東路兩旁有兩百三十多家金融機構、保險公司，加上商業辦公大樓、飯店、及百貨公司林立，終而成為臺北市的金融商業中心。〔註6〕

人走了，走不掉對神明的依戀，於是留下一間辦公室，派一位小姐留守，讓老東家保有每年參加霞海城隍廟爐主和頭家擲筶的資格。房子租給從中南部上來的人。這些新來的人不會，也不能融入原先的祭祀氛圍。因此，在臺北市的人口移動過程中，霞海城隍大拜拜注定會逐漸沒落。

當大稻埕的布商走出大稻埕，縱橫全臺灣，乃至全世界時，他們的老宅就轉租給南北貨業和中藥業。因此，今天我們在迪化街、民生西路上所看到的南北貨和中藥行，都是近四十年才發展出來的行業。日據時代上百家的茶行都已收攤，只剩下少數幾家店面撐門面。

茶商以及其他行業的商人在日據時代的收益相當良好，方才有能力來經營霞海城隍祭典時的迎神賽會，同時也兼顧到地方經濟的繁榮。在這種情形下，異樣的聲音，基本上是被壓制住了。在前面各章的記敘中，很少看到有反對的聲音。因此，我們所看到的景像是一個「團結一致，共同謀求地方繁榮」的畫面。

及至大稻埕商人走出去，投資各種行業之後，在故地興起的南北貨和中藥行，雖然也是處在行銷管道的最上方「大批發」的階層，兼做零售。可是由於不是做國際貿易，銷售對象只是臺灣的民眾，甚至只是臺灣北部地區的民眾。在經營規模、金融財力上，都不能跟昔日的茶商、布商相比。再加上這些店家的經營者大多是從外縣市來的。對於茶商和布商主導的霞海城隍迎神賽會活動並不熟悉，於是形成「人各異心」的狀態。

在這種情勢下，「臺北市各行政區人口消長增減率表（1968～1990）」（附錄三）所顯示的大稻埕人口在民國六十二年以後大幅下降的統計數字。但是還不足以顯示事態的嚴重性，因為市政府主計處所公布的統計數字，是「遷出」和「遷入」加減之後的數字。對霞海城隍廟和它的祭典來說，真實的情形應該是「遷出者」加上「遷入者」。遷出者不再參加，或較少參加相關的廟會活動。遷入者又不太關心霞海城隍的祭典活動，一時之間打不進霞海城隍的祭典委員會。霞海城隍祭典在人才雙重的流失情形下，逐漸褪色，不亦宜乎！

〔註6〕 宋光宇、蔡素貞主編，《松山區志》（精華版），民國九十九年（2010）三月，
　　　　頁44。

　　比較日據時代和民國六十年以後的霞海城隍迎神繞境活動，正是應了古人的名言：「團結力量才會大」。1920 年代的大稻埕，大約只有 5 萬人，可是大家對霞海城隍祭典的心念大體是一致的，方才成就那麼宏大的迎神繞境活動，帶動地方經濟的繁榮。到了現代，雖然在表面上，總體人數沒有太多的改變，但是組成的份子在本質上、心理上，都大不相同，對於祭典的向心力不足，也就沒有力量了。現在的霞海城隍廟在陳文文女士的主持下，力圖重振昔日雄風，主動的推行古蹟導覽、年貨大街、月下老人等活動。以前是整個大稻埕成就霞海城隍廟的輝煌，現在是霞海城隍廟帶動整個大稻埕的再起。

　　再加上民國四十年以後，外來的各省人士不能理解臺灣各地的廟會活動，用他們既有的思想模式，恣意批評，也是造成霞海城隍祭典背負「浪費」污名的原因。這不是單獨的特例，而是中國知識分子共同的毛病。一方面慣於「是己非人」，一方面又活在傳統文人「移風易俗」的陰影之下。

　　王笛在《茶館：成都的公共生活和微觀世界》一書中，也記述知識分子如何批評茶館的生活，主要的話題是賭博、看「淫蕩」和「暴力」的戲、浪費時間和金錢、讓婦女進入茶館有傷風化等。到了抗戰期間，來自全國各地，特別是長江下游各地的人士，看到成都老百姓天天泡在茶館中，更是尖銳的批評。這時，知識分子、官僚和政府更把對茶館的批評，跟中國的命運聯結起來。他們指出。國家目前正處於危機時刻，人們應該把金錢和精力用在拯救民族上，不該浪費在茶館裡。他們經常把在前方浴血奮戰的士兵和後方在茶館中消磨閒談的閑人做比較，以此來反對那些「不愛國」的茶客。〔註7〕

　　在第十一章所提到的對霞海城隍祭典和吃大拜拜的批評，跟對四川成都茶館的批評，幾乎是如出一轍。這種批評其實改變不了既有的事實。民國六十年代臺北市政府民政局大力壓制霞海城隍祭典和吃大拜拜的風氣，可是它依舊存在。吃大拜拜的風氣的減弱不是因為市政府的「勸導」，而是商人的宴客模式改變了。

第三節　「吃拜拜」的文化因素

　　廟會時大宴賓客不知起於何時。在清末幾本著錄臺灣風俗的書，如唐贊

〔註7〕　王笛，《茶館：成都的公共生活和微觀世界》，北京，社會科學文獻出版社，
　　　　2010 年，頁 21。

衰的《臺陽見聞錄》﹝註8﹞等，不見有這方面的著錄。到了日據時代，常會報
導在霞海城隍誕辰前後三天，屠宰豬隻的數量增加了多少，雞鴨魚肉蔬菜的
價格上揚了多少。間接的說明，大稻埕的居民在霞海城隍祭典期間要大宴賓
客。這方面最早的相關資料，是明治三十三年（1900）時《臺灣日日新報》
在霞海城隍祭典期間的新聞，報導稻江屠宰場殺豬的數量比平時大爲增加：

> 稻江屠獸場逐日宰豬只四、五十隻，蓋臺人好嗜豬肉。故日日宰殺
> 四、五十隻之多。有時或不能賣盡。若舊曆（五）月之十二、三兩
> 日，竟一宰三百零數隻，一宰近四百隻。推其故，亦該地賽會城隍
> 因而購買者倍加於昔耳。﹝註9﹞

屠宰豬隻的數量增加，表示銷售量也就增加。買豬肉的目的，當然就是
宴客。因此，在霞海城隍祭典期間大宴賓客，在日據初期就已盛行。大膽推
論，在清光緒三年（1879）第一次舉行迎神繞境時，大稻埕的居民已經大宴
賓客了。

到了大正時期，宴客的情形更形熱鬧。如大正三年（1914）在霞海城隍
慶典時，各地來臺北的遊客非常多，大稻埕各家爲了招呼前來的親朋好友，
都大起爐灶，煮食招待。《臺灣日日新報》漢文版報導比較含蓄，只是簡單的
說：

> 舊曆十一、十二兩夜，稻江各街徹夜達旦，行人如織。就中有投宿
> 旅館不得，轉徙人家友朋親戚寄宿。友朋親戚亦各有相當來客，殺
> 雞爲黍，紛如什沓。﹝註10﹞

大正四年（1915）《臺灣日日新報》有一則日文的報導，更明確的形容宴
客的盛況，其詞意如下：

> 到了晚上，各戶人家將雞、鴨、魚、肉、蛋等各種菜肴一道道擺出，
> 甚至擺到沒地方可擺了，只好擺在地上。希望神明不會因爲這樣吃
> 壞了肚子而腹瀉才好。﹝註11﹞

﹝註8﹞ 唐贊袞，《臺陽見聞錄》，臺灣文獻叢刊第三十種，臺灣銀行經濟研究室，1957。
﹝註9﹞ 〈倍加於昔〉，《臺灣日日新報》第633號，日刊4版，明治三十三年（1900）
六月十三日。
﹝註10﹞ 〈賽神前之熱鬧〉，《臺灣日日新報》，第5023號，大正三年（1914）6月7
日。
﹝註11﹞ 〈城隍廟大祭　北門街から先は伸が通らぬ賑ひ〉，《臺灣日日新報》第5393
號，日刊7版，大正四年（1915）六月二十六日。

　　可是「宴客」這件事，在日據時代不成爲主要的話題。到了民國四十幾年，方才成爲主要的話題之一。民國四十三年（1954）六月十四日，《聯合報》上刊出一篇有關的報導，提到日據末期的「吃拜拜」現象。這一段文詞是這麼說的：

　　霞海城隍誕辰往俗並舉行「迎城隍」。第二次大戰以前的日據時期，迎城隍時出動全市甚至市郊各地的「陣頭」，抬著城隍神輿遊行。由於各陣頭的競賽，各種化裝及旌旗，爭奇奪巧，舞龍弄獅，眞是旌旗蔽空，鑼鼓喧天，其熱鬧實堪稱全省第一。因此全省各地聞名前來參觀者，大不乏人。在城隍誕辰的前後兩天，當時鐵路公路的交通，都臨時加開班車，減低票價。因爲從中南部來北參觀的旅客，都把各班火車占滿，其盛況於此可見，可稱爲人山人海。二次大戰發生後，日本統制物資，禁止迎神賽會，可是到了這一天，迎城隍是停止了，拜拜卻照例舉行。戰時缺乏的物資，大鴨大魚大肉，竟大事登場了，親友們也不恐怕空襲的危險，前來城隍廟燒香吃拜拜，醉漢仍在街頭歪倒。這不是迷信，這是民間風俗，有不少基督教徒，也未能免俗的在這一天宴請親友。日據時代警察權高於一切，也不能取締〔註12〕。

　　從這則報導來看，日據末期在廟會時大宴賓客，是爲了因應戰爭時的資源缺乏而有的「解饞」行爲。在日據末期，管制物資糧食供應。爲日人做工的軍伕、糖廠工人……等，一天可以領到十二兩米，不事生產的平民，婦女，一天只配給四兩米，一個月每人可以配給到二兩豬肉。這種時空背景下，「吃拜拜」是完全合理的生活需求。到了民國四十幾年，國家的處境風雨飄搖，物資缺乏。因而，對於「吃」這件事，特別敏感。前節已經提到過，外來的人常會認爲大吃大喝無益於國計民生。

　　我們對於「吃」這一件事，其實並沒有太多的了解。目前，市面上有許多有關「飲食」的書，大都是關於食材、食器、時節、療效、做法、菜譜、幾大菜系等方面，很少有關於「爲什麼要聚在一起吃喝？」這個課題進行深入的討論。

　　廈門大學的易中天教授，雖然外界對他褒貶不一，但是他在《閒話中國

〔註12〕〈霞海城隍誕辰　拜拜節目爭奇鬥巧　各家設宴招待吃客〉，《聯合報》第5版，民國四十三年（1954）六月十四日。

人》〔註 13〕這本書中，對於國人的「吃」這件事，有相當深入的分析。他指出，中國文化有「泛食主義」的傾向。人就是「口」，叫做「人口」。有時會說，男丁女口。人既是口，謀生就是「糊口」，職業和工作就是「飯碗」。幹什麼工作，就叫「吃什麼飯」。工匠就叫「吃手藝飯」，演藝人員就是「吃開口飯」，當教書匠是「吃粉筆灰」。如果自己不工作，靠積蓄過日子，就叫「吃老本」。老本總有吃完的時候，就成了「坐吃山空」。沒有老本可吃，就只好「喝西北風」。思索問題叫「咀嚼」，體驗叫「品味」，嫉妒叫「吃醋」，幸福叫「陶醉」，司空見慣叫「家常便飯」，輕而易舉叫「小菜一碟」，廣泛流傳叫「膾炙人口」。還有許多常用的語彙都離不開「吃」這件事，諸如：吃苦、吃虧、吃不消、吃不開、吃不完兜著走、吃裡扒外、不吃那一套，以及生吞活剝、囫圇吞棗、秀色可餐、食古不化等。因此，易中天說「看來，說中國文化是一種食的文化，也沒什麼大錯。」〔註 14〕

　　由於「吃」這件事太偉大了，以致祭祀這件神聖的事，本質上就是「請客吃飯」。這時請來吃飯的「客」，不是人，而是天神、地祇和去世的祖先。請客時有兩件東西必不可少，一是酒，一是肉。酒是因為喝了之後，精神飄乎，可以通神。肉是指祭祀用的動物，在文獻上，稱之為「犧牲」。「犧」是「色純」。「牲」是「體全」。犧牲主要有馬、牛、羊、豕、犬、雞，是為「六牲」。去掉馬，是為「五牲」。再去掉犬和雞，剩下牛、羊、豕，是為「三牲」。也就是周禮所說的「太牢」。只用一牛，也可以是太牢，又叫「特牛」。太牢去掉牛，剩下豕和羊，就成了「少牢」。同樣的，不必豕羊齊全，只用一羊，也可以是少牢，叫「特羊」。因此，在中國古禮中，牛和羊是最重要的祭品。因為牛很重要，「犧、牲、特」這幾個字皆從牛。在周代，又規定非天子、諸侯或隆重的祭典，不可擅用牛。於是，最常見的祭品就是羊。

　　依照周禮，每月初一，諸侯們都必需殺一頭活羊，獻祭於祖廟，是為「告朔」，然後回朝聽政，是為「視朔」。到了孔子那個時代，「禮崩樂壞」，諸侯們在朔日不再祭廟，又不臨朝，可是依舊照例殺隻活羊來虛應故事。子貢認為內容既失，形式也就不需要再顧及了，主張不如連這隻羊也省了。可是，孔子不能同意，說「賜也，爾愛其羊，我愛其禮。」

　　在這裡提這些事，是在檢討這六十年來，臺北市民政局一直在呼籲各寺

〔註 13〕易中天，《閒話中國人》，上海文藝出版社，2007。臺北市：泰電電業股份有
　　　　限公司，2012。
〔註 14〕同上註，頁 29。

廟要節約拜拜，用鮮花、素果取代豬、牛、羊的三牲祭禮，是否得當。民政局把這件事做得很成功。現在每逢初一、十五，各地寺廟只見鮮花、水果，少見三牲。人們陶醉在「環保」「節約」的口號聲中，可是，人神的關係呢？已經疏遠了。因爲鮮花、水果不是請客吃飯的必備要件。用「生的」東西去祭神，已經說明人神之間的關係是「生冷的」。不請神明吃飯，又怎麼期望神明的護佑呢？人神之間的互動是相對的。

霞海城隍祭典時，大稻埕的居民乘此機會，大肆宴客，就是傳統「飲食文化」的具體實踐。對此，依舊借用易中天的論述。

易中天指出，跟自己最親密的人，就是母親。因爲吃了母親的奶，吃了母親煮的飯，才會長大。所以母子關係是「吃與被吃」的關係，兄弟姊妹是「同吃一位母親的奶長大」的關係。廣義一點，只要有同一物質或精神食糧的來源者，像是同一師父教出來的，也就成了兄弟關係。從抽象的層次來說：吃同一種食物的人可以看成是有血緣的關係。因爲食物是生命之源，而最早的食物是乳汁。乳汁既然是生命之所繫，其他食物當然也是。吃同一個娘的奶的人是兄弟，吃同一種食物的人當然也是兄弟。〔註 15〕

鄉親就是因爲吃同一種食物而親的人。最常見的食物就是「同一口井的水」或「同一條河的水」。「鄉」這個字通「饗」，在甲骨文裡的寫法是中間放一個盛食物的簋，也就是飯桶，兩邊各自跪坐一個人，共同面向著那個飯桶。後來範圍擴大了，凡是共食一簋者，就成了「鄉親」。

這下子我們清楚了，母子是「吃與被吃」（食）的關係。兄弟、鄉親是「同吃」（共食）的關係。或者說，兄弟是吃同一個娘的奶長大的人；鄉親是吃同一口井的水長大的人。所以，只要是「同吃一鍋飯」的人，比如部隊裡的戰友，單位上的同事，就多多少少有些兄弟情分。道理很簡單：食物是生命之源。吃了同一種食物，也就是有了同一種生命之源，能不是兄弟、不是哥們嗎？〔註 16〕

對中國人來說，食物既然是生命之源，那麼請人吃飯，送食物給他人，都是一種很重的情誼。而接受他人饋贈的食品，則是受了很大的恩惠，必需要回報。回報的方式不難。回請一頓，或是回一份食物，就可以了。原因不在於是誰請誰，而是好歹都在一起吃了飯。

無論是否同宗，不論是否相識，只要在一起吃了飯，表示就有了相同的

〔註 15〕易中天，《閒話中國人》，臺北市：泰電電業股份有限公司，2012，頁 51～52。
〔註 16〕同上註，頁 53。

生命來源，也就是成了「哥們」。即便不是哥們，至少也是「熟人」。所謂「熟人」，也就是經過烹煮和料理，具有「可食性」的人。當然是可以「吃」，可以信得過的人。如果是「生人」，就「開不得口」。如果關係很熟，表示已經反覆好幾次的烹煮，又在飯桌上（正在再次烹煮）一起吃飯，那麼就可以請他幫忙，對方也不好意思拒絕。如果拒絕，等於是把已經煮熟的東西再次回生，成了「夾生」的局面。

在中國，做人切不可以「夾生」。因爲「生」的不要緊，只要功夫夠，火候深，「生的」總可以慢慢成爲「熟的」。「夾生」就不好辦了。再煮吧，又煮不熟。不煮吧，又吃不得。算什麼東西！〔註17〕

在餐桌上答應的事，就得努力去辦。餐桌上的許諾是開不得玩笑的，否則就是「食言」，食言等是把吐出去的東西又吃回來。別人鄙夷不說，自己也覺得噁心。所以中國一旦有事求人幫忙，多半要請客吃飯。請客吃飯不一定非要有事，多半還是著眼於建立比較親密的關係。這種情誼使得中國人的人際關係溫情脈脈，什麼政策、規章、天理、王法，都可以被它消解掉。〔註18〕

易中天的說法正好可以用來解釋爲什麼霞海城隍廟會在日據時代可以辦得有聲有色。

在日據時代，香廈郊爐主每年要辦理五月十三霞海城隍的祭典和迎神繞境，以及中元普渡，也要辦理保安宮、慈聖宮的中元普渡，以及天上聖母、保生大帝、水仙尊王等祭典和演戲，是很忙的職務。爐主每年都換人做。在第十一章，就列出歷年爐主的名單。沒有固定的辦事機構，沒有固定的經費。每年霞海城隍誕辰來臨之前一個月左右，這位值年的爐主就要邀集相關人士在酒家開會，會後一起「飲福」。例如大正十四年（1925），爐主林合成商行在江山樓旗亭召開城隍祭典的籌備會議〔註19〕，至晚上九時始散會。大正十五年，爐主義恆發號劉毛在江山樓召集各界有關人士六、七十人，開籌備會議，會後開筵飲福〔註20〕。昭和四年的爐主是高源發號，主人高地龍在蓬萊閣召開籌備會〔註21〕。

〔註17〕同上註，頁61。
〔註18〕同上註，頁62。
〔註19〕〈城隍祭典會議〉，《臺灣日日新報》第9024號，日刊4版，大正十四年（1925）六月二十四日。又見六月二十七日的報導。
〔註20〕〈城隍祭典磋商會〉，《臺灣日日新報》第9381號，夕刊4版，大正十五年（1926）六月十六日。
〔註21〕〈霞海城隍磋商會　協議行列種種〉，《臺灣日日新報》第10453號，日刊4

　　起先看不懂這種在酒家開會代表什麼含義。有了易中天「共食」的理論之後，就看得懂這種開會兼吃飯的現象背後的意義。在酒家開會的共食效應就是讓一個散漫的、臨時組合的工作團隊，發揮最大的功效。在第八、九章看到的每年霞海城隍迎神繞境的盛況，就是在餐桌上敲定的。正如易中天所說，在餐桌上商定的事是不容許反悔的。因此，日據時期霞海城隍迎神賽會可以辦得有聲有色。

　　再從商業的角度來看大稻埕的大拜拜，那就是第十章所曾提到臺灣原有的產銷結構不足以應付新的商業情勢，必需有新的方式。

　　臺灣邁向工業化的第一步，就是新式的紡織業興起。從世界工業的視野來看，十八世紀工業革命是從紡織業開始，地點是在英國。十八世紀初，紡織業渡過英倫海峽，來到西歐各國。十九世紀中葉，紡織業的重心已經轉移到美國東岸。二十紀初，紡織業拓展到美國的西岸。二十世紀中葉，日本是世界紡織業的重心。到了一九七〇年代，日本的紡織業開始外移。第一個外移的對象就是最鄰近日本的臺灣。因此，臺灣的紡織業就在這種情勢下開始發展。

　　這時候轉移到臺灣來的紡織工業已經不是傳統的綿紗紡織，而是使用化學纖維的新式紡織工業。於是，帶來一連串的相關產業。這種新式紡織業的上游是化學纖維工業。再往上推，就是石油化學工業。化學纖維工廠做出化學纖維之後，交給紡織廠去織布，稱為「針織」。織成布匹之後，交給成衣工廠去做衣服。衣服做好之後，再交給百貨公司、各種服飾店去販售，甚至是菜市場、夜市的地攤。由於每一個環結上的產量都很龐大，本地市場根本無法消化，必需外銷到世界各國去，方才能讓每一環結的生產能力得到充分的發揮。在這種龐大又複雜的生產和交易體系下，臺灣的商人逐漸發展出所謂的「協力網絡」，社會學家陳介玄稱之為「彈性化企業協力組合結構」。〔註22〕

　　用淺白的話來說，臺灣的商人把生產鏈上的每一個環結都化成一個獨立的中小型工廠，隨著外國訂單的大小，而隨時變動組合，成為一個龐大又有效率的工廠，應付這一張訂單的需求。訂單完成交貨之後，這個臨時的組合就解散掉。各憑機緣，接新的訂單。直到又有一張巨額的訂單時，再憑人際關係，重新組合各個環結上的工廠，形成新的協力網絡。

版，昭和四年（1929）五月二十六日。
〔註22〕陳介玄《協力網絡與生活結構：臺灣中小企業的社會經濟分析》，臺北市：聯
　　　經，1994。

對臺灣商人來說，促成協力網絡的重要關鍵是商人藉著請客吃飯，把上下游工廠整合在一起。社會學家不太注意維持協力網絡背後的人情網絡。維繫人情網絡最重要的手段，就是「一起吃飯」。

傳統的「吃大拜拜」的風氣在民國六十年（1970）之後，逐漸衰弱下去。不是大稻埕的商人放棄了「吃飯談生意」的習慣，反而是進一步的強化這方面的功能和運作。民國六十年之後，紡織業開始興盛。這時的紡織業，除了原來的棉花紡織之外，更多了化學纖維的「針織」和「尼龍」。生產線加長了，最上游是石化工業和化學纖維工業，中間的針織廠和成衣加工業，下游是百貨公司和成衣零售業。這種產業鏈是全新的經驗。大稻埕的布商在這股浪潮中崛起，他們所用的辦法，就是在酒家商定一切事情。大稻埕的酒家在這時候達到頂峰。臺南幫成員侯雨利的兒子侯永都每天都在酒家宴客。不是只在一家酒家，而是同時在好幾家酒家設筵款待客人，天天如此。其他的布商大致也是一樣。商業越盛，消磨在酒家的時間越久。這種飲食方式的轉變，方才促成大稻埕布商首先響應臺北市政府「節約拜拜」的施政，在霞海城隍祭典時，不再大宴賓客，改成外出旅遊。

在有關霞海城隍祭典的報導中，很少有報導提到「宴客」這件事。可是，在臺北市民的記憶中，伴隨每年農曆「五月十三人看人」而來的，就是「大拜拜」，盡情的大吃大喝。究竟為何如此，一直是個謎團，至此，終於有了答案。

大拜拜的吃吃喝喝，並沒有因臺北市政府的強力壓制而消失，而是改變運作的形勢。原先是一年一次，變成每天如此。臺北市的各種餐廳是因應商業需求而蓬勃發展的，這就是臺北市民的生活。

既然「吃飯」有這麼深遠的文化意義，從這個角度來看大稻埕在霞海城隍誕辰時所舉行的「大拜拜」，就有特別深厚的文化意涵。在第十章的末尾提到過，臺灣舊社會的商業銷售結構是「郊行」、「門市」、「割店」、「販仔」四層。各層之間的交易行為就像平常的買賣，沒有什麼人情關係。可是當火車鐵路發達之後，把臺灣西部幾條平行的河川流域串連起來，逐漸形成三個以臺北為中心的同心圓。每年五月十三霞海城隍的大拜拜是臺北大盤商招待中南部固定客戶和中盤商的最佳時機。在第十章特別指出：第三個包括整個鐵路縱貫線的商圈則是以批發布匹、綢緞為主。那時候臺灣一般居民對於衣著的要求相當節儉，中南部的布匹市場也不算大，因此中南部的布商每年只需進貨一次，就可以應付一整年零售所需。在這種情況下，一年一次的霞海城隍祭典

就成爲臺北的大盤批發商和中南部的中小盤零售商之間的特殊連結紐帶。對臺北的大盤批發商來說，他們從香港和日本進口布匹，到基隆上岸再由鐵路運到大稻埕，然後藉賽會之便，招待來自中南部的小賣零售商宴飲、玩樂，同時也做成一年一度的買賣。把零售商所批購的貨物再經由鐵路，運送到中南部各地。對中南部的零售商來說，他們反正是要上臺北批購貨物，趁祭典賽會時到臺北走一趟，既做生意，也享受大盤商所提供的宴飲和迎神賽會時特有的歡樂氣氛。這些世俗的交易和宴飲活動都在「城隍誕辰」這項神聖象徵庇護下進行。不過我們對於「吃食」這件事本身，並沒有任何的探討。

　　藉用易中天的說法，就可以清楚的了解霞海城隍誕辰時的大宴客，乃至於全臺灣在神明祭典時大拜拜活動的意涵，就是要藉用「共食」這個動作，拉近和固定大盤商和中小盤商之間、上下游供應商之間的合作關係。易中天對於「共食」有其見解：

> 中國人最愛請客吃飯。請客吃飯的理由、藉口、題目和機會很多。公司開會啦、會議閉幕啦、外賓參觀啦、記者採訪啦，諸如此類的事情，都少不了要請吃一頓。……一起吃了飯又怎麼樣？就是有關係了。中國人吃飯，無論是家人團聚，還是宴請客人，必定都是全體共食。所有的筷子都伸向同一盤菜；所有的勺子都伸向同一碗湯。不管上什麼菜，在理論上，人人有份。每個人都可以吃，而且是應該吃上一口。在這裡，最重要的是「人人都有份，大家一起吃。」也就是說，中國人眞正看重的不是吃或不吃，而是「一起吃」，或「共食」。用祭品供神是人神共食，請人吃飯是主客共食。因爲是人神共食，所以胙肉只能吃掉，不能倒掉。因爲是主客共食，所以主人和客人必需同吃一種食物，甚至同用一個菜盤、湯盆和飯桶。這才是中國人酷愛請客吃飯的秘密所在。

　　用「共食」的概念來看霞海城隍大拜拜，就明白爲什麼可以吸引幾十萬人在三天之內前來共襄盛舉。那時臺北市還是處在「鄉下」的階段，出了大稻埕、西門町和萬華，就可以看到水稻田。在民國四十七年（1958）的一張地圖上，臺北市是分成兩半的，以新生南路爲界，西半部是屋宇密布，東半部大都是稻田。那時的臺北市不大，人情也厚，一地有慶，各方賀之。藉由大拜拜的共食，把臺北市的人緊密的連結在一起。每到霞海城隍大拜拜時，散居各地的遠房親戚都盛裝前來吃拜拜，一個大家族因此而團聚在一起。商

家主人更忙著招呼平日有生意往來的客戶，把生意和人情混成一體。這就是民國四十七、八年時，可以有五十萬人湧入大稻埕吃拜拜的文化原因。

民國四十七年聯勤總部所測繪的臺北市地圖

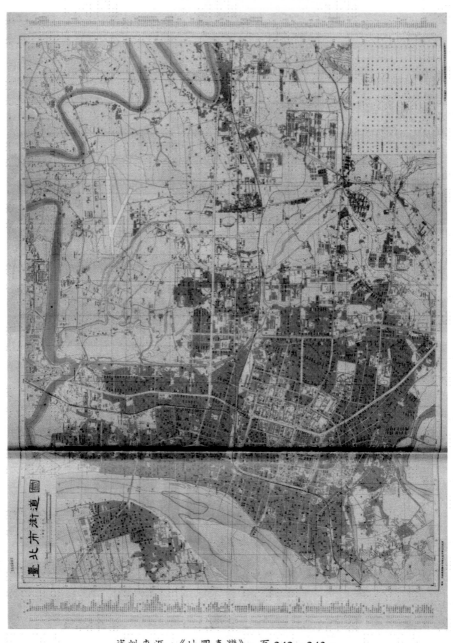

資料來源：《地圖臺灣》，頁 242～243。

可是，當臺灣開始工業化之後，情況就不同了。新式的工商業體系逐漸引入。原本的農業社會的人情網絡與「共食」習慣開始適應新的環境和需求。新式的化纖紡織工業是從日本移入的，必需要有日本的技術援助，於是要進口日本製造的紡織機器，聘請日本技師前來指導。由於距離日據時代才二十年，臺灣的商人對日本人並不陌生。在「共食才有關係」的習俗下，臺灣的紡織商人當然要好好的宴請日本的貴客。原來日本人聚居的一條通到九條通，就發展出專門接待日本客人的餐廳和酒店。直到今天，依舊如此。

化纖生產線的上下游廠商，從石油提煉到化學纖維工廠，到針織廠，到成衣工廠，到成衣銷售店，都是環環相扣，相互依存，更是需要建立牢固的合作關係。這種垂直的產業關係愈到下游，業者愈多，彼此之間的競爭也愈激烈。如何成為一個紡織廠的協力廠商，那是要靠人情來維繫。常在一起吃飯，就多增加一些人情的濃度和彼此的信任度。有了這樣的信任，方才可以群策群力來完成一些在外國人看起來不可能完成的任務。其他行業也大致如此。

臺灣商人有一個與中國大陸商人完全不同的習慣。臺灣廠商在做生意的時候，或任何談判、協商的場合，一定是先認真的談判，談不成，就散會，下次再談。談成了，方才一起去吃飯。中國大陸的廠商剛好相反，先吃飯，再談生意。這餐飯如果吃不好，就不要談生意了；吃得賓主盡歡，生意也就談成了。易中天是大陸人，對這種現象，有他的解讀：

> 請客吃飯既能拉關係，又能搞陰謀，或陽謀殺人，當然也就成了中國人社會生活和政治生活中，可以時時祭起的法寶。甚至在與洋人辦交涉的時候，往往也都照此辦理。可惜洋人未必都「吃」咱們這一套。他們不知道，中國人甚至在與上帝與神靈打交道的時候，也是要請客吃飯的。從這個角度講，它確實是一種「工作需要」。事實上不少人的工作就是如此，不是請人吃飯，就是被人請吃；不是陪人吃飯，就是被人陪吃。所以「革命不是請客吃飯」這句話，後來就變成「革命不是請客，就是吃飯」。民謠說：「工作就是開會，管理就是收費，協調就是喝醉。」是啊，不先在酒桌上「勾兌」一番，怎麼協調關係呢？

從這個角度來看大稻埕從民國六十四年（1975）起，布商公會在霞海城隍祭典那一天集體出遊，不再宴客，應是布商的交際「吃飯」的需求改變了。

大拜拜其實是一年一次的交際應酬。當工商業起飛之後，商人的交際應酬是每天都有的，原先一年一次的交際根本不敷所需。

第四節　陽衰陰盛的人口結構

　　從人口統計資料來看，自 1990 年起，臺北市是一個「陽衰陰盛」的地方。從更長遠的時間來看，臺北市的男人一直處在「緩慢減少」的狀況中。

　　依據臺灣省行政長官公署統計室編印的《臺灣省五十一年來統計提要》〔註23〕（民國前十七年至民國三十四年），由表 49-4「歷年全省戶口（性比例（每百女子所當男子數））」來看，在 100 女子中，男子的人數一直在 100 以上，可是有持續下降的趨勢。特別是臺灣本省人，從 1905 年的 111.28，到 1943 年的 102.72，三十八年間，男人的比率下降了將近十個百分點。這些趨勢如下表所示：

表 12-3　日據時代全臺灣歷年的性比例

年代	全　省	本省人	外省人	韓國人	日本人	其他外國人
1905	112.42	111.28	1531.55		151.61	
1906	112.70	111.25	1512.31		156.63	
1907	112.55	110.97	1329.85		157.57	
1908	112.18	110.59	1099.51		153.93	
1909	111.86	110.22	1004.14		149.55	
1910	111.46	109.72	927.70		148.42	
1911	111.10	109.23	816.58		146.00	
1912	110.59	108.79	737.02		143.35	
1913	110.33	108.42	678.08		140.18	
1914	109.92	108.02	630.67		138.31	
1915	108.59	107.19	498.52		127.08	
1916	108.01	106.65	460.76		125.21	
1917	107.58	106.28	429.23		123.26	
1918	107.30	106.00	398.59		121.94	

〔註23〕臺灣省行政長官公署統計室編印，《臺灣省五十一年來統計提要》（民國前十七年至民國三十四年），民國三十五年（1946）十二月出版，臺灣省政府主計處重印，民國八十三年（1994）十一月。頁 79。參酌中央研究院「臺灣省五十一年來統計提要」網頁，網址：http://twstudy.iis.sinica.edu.tw/twstatistic50/。

1919	107.11	105.80	378.23		121.06	
1920	107.32	105.63	363.70		128.82	
1921	107.15	105.35	369.54		127.82	
1922	106.79	105.09	349.33		125.73	
1923	106.45	104.80	325.60		124.61	
1924	106.12	104.57	297.42		122.91	
1925	105.69	104.48	253.77		116.38	
1926	105.40	104.20	240.18		116.02	
1927	105.22	103.99	233.45		116.10	
1928	105.13	103.86	225.67		116.52	
1929	105.03	103.71	222.26		117.06	
1930	105.01	103.61	228.90		116.98	
1931	104.81	103.49	210.65		117.14	
1932	104.68	103.71	195.87	50.79	112.91	122.09
1933	104.60	103.62	195.91	53.83	112.74	113.40
1934	104.62	103.64	196.28	55.56	111.81	110.58
1935	104.39	103.39	196.77	57.10	110.73	115.46
1936	104.39	103.34	196.38	50.44	110.77	111.11
1937	104.17	103.25	184.34	63.64	112.03	126.92
1938	103.87	103.05	181.47	66.93	110.90	124.32
1939	103.76	102.94	187.25	63.77	110.05	155.33
1940	103.44	102.70	183.29	52.76	108.59	151.35
1941	103.54	102.75	188.48	56.92	109.14	127.78
1942	103.42	102.68	177.34	60.33	108.23	171.43
1943	103.48	102.72	174.92	62.33	103.75	154.29

資料來源：根據臺灣總督府臺灣戶口統計材料編製。

　　由「臺北市各區性性比例統計表」（附錄四）之中，可以了解到一個不變的事實，從民國三十五年（1946）到民國七十八年（1989），臺北市各區的男性人數一直在緩慢的下降。中山區在民國七十六年（1987）年率先成為陰盛陽衰的地方，性比例最先跌破 100，其他各區的性比例維持在 100 以上。

　　1990 年 3 月 12 日臺北市政府修正原先人口和土地面積極度不平均的現象，大幅調整各行政區。以縱貫鐵路爲界，把松山區切成「松山」和「信義」兩區。又把中山區靠近松山區的兩個里劃給松山，而松山區因基隆河截彎取直而在基隆河北岸的土地，都劃歸內湖區。也調整了大安區的土地，一小部

分割入信義區。把延平和建成兩區全部併入大同區。把古亭和城中兩區合併
成為「中正區」，雙園和龍山兩區合併成「萬華區」。景美和木柵合併成為「文
山區」。從原先的十六區，整編成十二區。經過這一番大手術後，新的松山區、
中山區和大安區的性比例低於 100。

　　1993 年士林區的性比例也跌破 100。1996 年，臺北市總體和內湖區的性
比例也開始低於 100。文山區和北投區在 1998 年加入陽衰陰盛的行列。2000
年又有信義區加入。一旦加入這個行列之後，就沒有翻身的日子，一直往下
降，差距持續擴大。

圖 12-10　臺北市各區性比例統計表

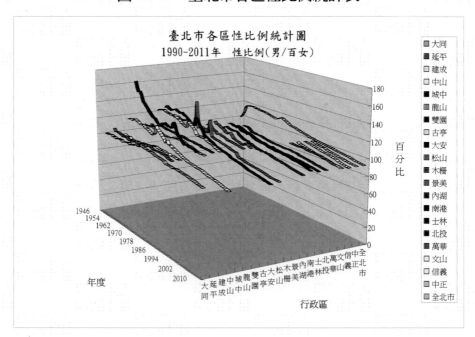

　　在這種男女性別比例差距日益擴大，男性的人數一直在減少，所帶來的
直接後果就是結婚者越來越少，不婚者越來越多。這是重大的危機，人口會
日漸萎縮。

　　臺北市的幾個大廟都設有「月下老人」的神龕，香火興旺。霞海城隍廟
原本沒有月下老人的設置。主持人陳文文就假借一則故事，很成功為霞海城
隍廟增加了一項新的服務項目，透過報紙媒體以及與板橋林家花園的合作，
成功的推展了月下老人牽婚姻紅線的活動，成果非凡。廟方公布十年來前來

答謝月老的人數一年比一年增加 。在 2009 年由於世界金融風暴的關係，臺灣受害也深，想要結婚的人數也因而大減。到 2011 年方才恢復

表 12-4　十年來前來答謝月老的人數

年　度	人　數	年　度	人　數
89（2000）	310	95（2006）	6012
90（2001）	839	96（2007）	7215
91（2002）	1922	97（2008）	9316
92（2003）	3177	98（2009）	6234
93（2004）	3516	99（2010）	6566
94（2005）	5229	100（2011）	7871

　　自民國八十九年（2000）至民國一百年（2011）爲止，共計有 58,207 對香客，因參拜月老而締結良緣並前來答謝。廟對面的店家也就順勢推出供月老用的供品：枸杞、紅棗、喜糖和桂圓，也有簡單的糖果和金紙，或紅棗和金紙。

圖 12-11　霞海城隍廟公告參拜月老締結良緣的統計數字

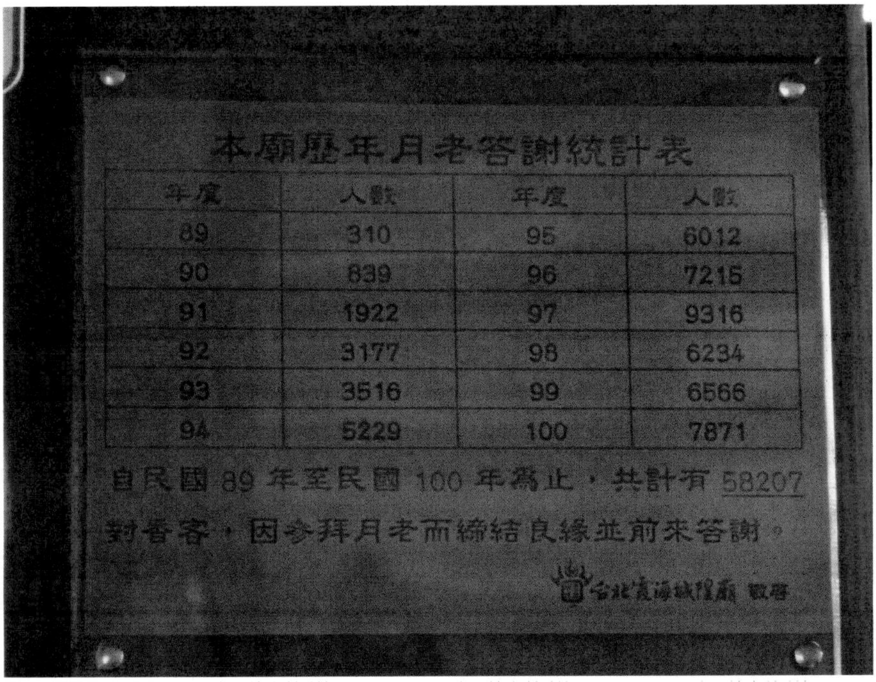

圖 12-12　霞海城隍廟的月老信仰，引起迪化街商家配合銷售月老供品

　　綜觀臺北市的幾家老廟，不難看到一個事實，就是「求變才是生存之道」。同在大稻埕的法主公廟，曾是茶商公會支持的大廟，由於沒有跟上時代的腳步，而成了一間懸空的小廟。同樣的情形也出現在艋舺的清水祖師廟。目前，像萬華龍山寺、大龍峒的保安宮都是跟得上時代的腳步，推陳出新，才發展成現在的大廟。霞海城隍廟一百多年來，一直領導時代的風騷，看到目前的改變，就可以預期未來的發展。

第五節　陳文文帶動的文化創意

　　1970 年代，是臺灣社會變遷最大的時期，伴隨經濟的發展，由農業社會轉為工商業社會，生活形態發生了重大轉變。大量的農村人口湧入城市，導致各都會區人口激增，形成了都會圈，臺北市的商業環境因而改變。忠孝東路、仁愛路、信義路、南京東路、敦化北路等地的商圈逐漸形成，老市區的大稻埕不再是獨當一面的商業中心。部分原本位於大稻埕的企業，為了迎接新的市場環境，紛紛搬遷到新的商業區，再加上許多參與廟會活動的傳統企

業家與士紳凋零，使得霞海城隍廟面在 1980 年代之後，臨到時代的考驗。

霞海城隍廟管理工作者　陳文文

　　當時臺北市所有的廟宇，都遇到類似霞海城隍廟的境遇，必須改變原本的營運方式，才能繼續維持過去的榮景。部分廟宇如艋舺龍山寺、大龍峒保安宮就是很成功的例子，他們以傳統信仰為號召，藉由文化活動為宣傳，招攬國內外的觀光客，以人潮帶動信徒，很成功的邁入到 2010 年代。部分廟宇沒有配合社會的脈動，信徒大量流失，平日只能維持香火，到了特殊的日子才有人潮，如艋舺清水祖師廟、臺北法主公廟。

　　霞海城隍廟的佔地面積不大，沒有龍山寺、保安宮之類的大廟規模，必須依靠廟宇主事者的運作，才能維持以往的榮景。1980 年代，第五代持廟陳華墩身體不好，找了姪子陳國汀幫忙，協助廟務工作。沒想到不到 50 歲的陳國汀在 1994 年積勞成疾而過世，可見當時霞海城隍廟面臨十分複雜的狀況。就在此時霞海城隍廟出現第一位的女性持廟——陳文文，她把文化創意的理念帶入霞海城隍廟，並且推展到迪化街商圈的店家，很成功的吸引人潮，改變當地的商業環境與人文思維。

　　陳文文的父親陳華壎在二次大戰時是臺籍日本兵，夤緣際會在廣東結識她的母親，兩人的故事類似大時代的兒女一樣，在戰亂中結識生子。後來回到臺灣定居時，又遇到二二八事變。他們生養九個孩子，大女兒死在廣州，么兒聽說是褓褓時被蚊香薰死。陳文文的母親在四十八歲死於乳癌，當時最小的弟弟還不到十歲。

　　陳文文與她的二哥陳國汀最親，自幼玩在一起。她在二十五歲時結婚，婚後協助夫家經營服裝外銷生意。此時的陳文文展現出其經營能力，替夫家

賺進大量收益，但是夫婿開始不忠實婚姻關係，經過幾次的衝突之後，兩人只好離婚。在婚姻失敗之後，陳文文為了生活到處奔波糊口，一度還跑到花蓮向證嚴法師磕頭，想要出家。已成實質廟公的二哥看了不忍心，請她回城隍廟來幫忙，才結束顛沛流離的日子。

在陳國汀過世之後，陳文文的叔叔年事已高，要求她接下持廟棒子。陳文文提出條件說，二哥做到死仍然「紙頭無名，紙尾無名」，要她接可以，但要正式的名份。於是霞海城隍廟召開「海內會」廟務會議，雖然許多人反對女人主持廟務，但是經過陳文文的力爭之後，她成為第六代的持廟，也是霞海城隍廟立廟以來第一位「廟婆」。〔註24〕

早在陳文文協助陳國汀處理廟務時，她就對於霞海城隍廟的管理工作與發展投入很大心思。臺灣的大學院校在 1990 年代才開始辦理宗教學系，當時國內的宗教界尚未有宗教管理概念，多數的寺廟只是依循傳統的方式經營寺廟。但是陳文文在當時已經開始學習探索宗教管理學，認為經營宗教寺廟必須具備專業知識，牽涉到歷史文化、財務管理、解說導覽、人員管理、器物典藏……等，換言之她對於經營寺廟的理念，已經超越當時其他的寺廟。

有「古蹟先（生）」之稱的林衡道教授，是陳文文自幼就景仰的大稻埕在地人物，尤其對於文化與史蹟的保存，她深信林衡道說的「歷史令人自尊，文化令人不俗」，並以此作為管理霞海城隍廟的哲學。她認為把香火錢拿來作生意、蓋醫院，也許會賺大錢，如果把香火錢用來從事文化推廣，一定賠得很慘。雖然霞海城隍廟多半的活動只有支出，沒有經費來源，但是陳文文認為以活動吸引人潮，由人潮帶動信徒前來祭拜燒香，除了帶來迪化街的商機，也能夠吸引信徒在進香時，了解文史古蹟，順便捐獻香油錢，充實寺廟的經費，具有多重意義。

1990 年代初期，迪化街呈現出客源流失、買氣不足、商業不活絡的問題，成為當地商家共同的隱憂。這是因為迪化街屬於傳統的商店街，和全省其他老舊的商店街一樣，在流通業急遽變化的環境中，面臨了競爭和挑戰。政府相關部門為此集合了產官學方面的專家共同研究。當時迪化街的商家及專家都認為，轉型與現代化是業界當前要務，大家也都提出解決方案。只有陳文

〔註24〕洪淑惠，〈陳文文，族譜裡不見名字的女人，卻擔起霞海城隍廟的第六代持廟人〉，《聯合報》，民國九十年（2001）九月九日，第 8 版「50 周年社慶臺灣臉譜系列特寫」。

文從傳統文化的角度提出個人看法，最後也只有她的意見被落實。陳文文表示，不論迪化街要如何變遷，商業活動和傳統宗教活動常是互動的，往年城隍廟建醮時，帶動了大批的香客和購物人潮，以迪化街原有的資源和特色來帶動買氣，也是業者要重視的。〔註25〕

　　由於社會環境的劇烈變遷，科學、資訊的發達，陳文文了解到霞海城隍廟想要恢復日據時期和民國五十年（1961年）以前的盛況已是不太可能的事，除了維持傳統年度例行的祭典活動之外，陳文文乃決定將霞海城隍廟的遠景，朝向信仰多元化方面來發展，將主力置於社區文化活動之推展，提出「在地人疼惜在地人，承續地方文化香火」的概念，規劃出五個方向：宗教專業化、宗教生活化、宗教社區化、宗教藝術化、宗教普及化。

　　公益與文化推廣是霞海城隍廟的理念，積極參與宗教祭典與社區宗教藝術活動，贊助地方政府或警政單位，以及其他福利團體的藝文活動，出錢出力的參與、支持，皆展現該廟一本「得之社會、用之社會」的感恩與回饋心理。以下是霞海城隍廟在民國一〇一年（2012）除了日常的祭祀活動，以及慈善救濟之外，其網站公告每年度例行性的文化活動項目如下：〔註26〕

1. 大稻埕逍遙遊

　　自民國八十六年（1997）六月起開始舉辦一系列的「大稻埕逍遙遊——文化資產巡禮」。每月兩次的古蹟巡禮，由霞海城隍廟提供經費，參與者自由報名全程免費。聘請古蹟、歷史、人文專家學者帶領民眾導覽，實地參訪古蹟，解說大稻埕的歷史典故。

2. 臺北年貨大街

　　本活動為臺北市最著名的地方文化節，由臺北市政府於民國八十五年在迪化街初次辦理。次年，活動區域擴大到華陰街。民國八十八年，市政府將主辦權交由大同區公所及地方團體舉辦。霞海城隍廟都會在活動期間，配合辦理應景的宗教文化活動或展覽，形成以城隍廟為中心的民俗文化展示，帶動周遭的商業活動。尤其自民國八十九年（2000）之後，每年的農曆十二月

〔註25〕蔡美瑛，〈迪化街　傳統街市如何找回往日魅力〉，《經濟日報》，民國八十二年（1993）一月十七日，第14版「商業・流通」。

〔註26〕網址：http://www.tpecitygod.org/。霞海城隍廟在過去十多年的主辦或協辦的活動項目繁多，除了該廟本身之外，其他相關單位、期刊與報紙媒體都有資料留下，足以成為新的研究議題。受限於篇幅，本文只約略概述，有興趣者可以自行深入研究。

都可以看到霞海城隍廟在大稻埕設置的年貨大街宣傳布條，沿街的商家店面都懸掛，頗為壯觀。由於霞海城隍廟在該項活動鼎力相助，臺北市政府及所屬單位，多次頒發感謝狀。

3. 元宵節社區活動

在元宵節為鼓勵居民親子活動，舉辦猜燈謎、送花燈的活動，並發放燈籠給與會的來賓與親子，以及舉辦猜燈謎大會等，與地方居民同樂。

4. 臺北燈節提供大型花燈展

於民國八十八年（1999）開始參加「臺北燈節」的活動，此後每年贊助一座大型花燈。

5. 端午節捐款造龍舟

民國九十年（2001）時，霞海城隍廟響應臺北市政府舉辦的端午節「臺北國際龍舟錦標賽」活動，捐款四十八萬建造龍舟「霞城號」，另一艘由臺灣省城隍廟所捐造，委託士林三腳渡著名造船匠師劉清正建造。

6. 對文化推廣的堅持

霞海城隍廟對於文化的推廣，已經成為例行的工作。為了走向制度化的發展，在民國八十八年（1999）將傳統的祭典協會組織正式登記為社團法人。民國九十一年成立「霞城文化發展協會」，作為發展文化事業的協力組織。在陳文文領導之下，霞海城隍廟每年都辦理各種文化的推廣活動，如每年帶領信眾回大陸祖廟交流、海峽兩岸的宗教交流、赴日本考察「古蹟維護及社區總體營造工作」、印製《承續文化香火──霞海城隍》專書、出版《臺北霞海城隍廟》專書、配合學術界的研究。由於霞海城隍廟參與的文化活動繁多，其運作能力佳，成為臺北市文化局重要的民間配合機構。

除了上述的活動之外，陳文文為了推廣月老信仰，在每年的七夕情人節，配合臺北市大同區公所辦理「月老繫情 FU 大同」活動，並與新北市文化局共同在板橋林本源園邸辦理「愛在七夕　歡囍林園　霞海月老來新北市」。臺北市市政府主辦的「大稻埕煙火節」，是以七夕浪漫夜為重點，霞海城隍廟也是參與辦理單位之一，提供月老神明給單身民眾祈福，期待早日尋到好姻緣。

民國九十年（2001）十二月二十四日，臺北市政府舉行榮譽市民表揚典禮，霞海城隍廟管理人陳文文以「長期推展公益活動，並籌辦大稻埕歷史導覽及各項導覽活動」〔註27〕的貢獻，獲得臺北市民政局的推薦得獎，與其他

〔註27〕張仁豪，〈榮譽市民　十人上榜　張忠謀、林百里等知名人士均因熱心公益入

十位得獎人一同接受臺北市長馬英九的頒獎。〔註28〕這代表霞海城隍廟在首任女性住持領導之下，成功的適應社會時代的變遷，不僅保留傳統的大稻埕歷史，也為當地開創文化商機。

每年農曆一月、五月、七月、十二月每年農曆十二月、一月的年貨大街五月的霞海城隍誕辰、七月的七夕月老活動，是霞海城隍廟最忙碌的月份，但是其他較為輕鬆的小月，依然辦理各類的文化活動，基本上所有的工作人員都是在一個活動接著一個活動中過完一年。若是以文化活動辦理的種類與次數而言，霞海城隍廟辦理文化活動的能量，不亞於偏遠地區的縣府文化局。

在民國一○一年（2012）回顧過去二十的歲月，霞海城隍廟逐步帶動大稻埕的商業，開創新的商業模式，一如百年前的方式。只是過去在地方士紳要求配合之下，辦理拓展商機的廟會；現在是由霞海城隍廟以文化活動招徠人潮，到迪化街消費。

霞海城隍廟在陳文文帶領之下，以文化為號召，成為臺北市觀光文化的宣傳重點，吸引了國內外觀光客。每天都有來自日本、韓國、香港、歐美的觀光團體或自由行的背包客，這些觀光客以單身年輕女性居多，她們都是由觀光手冊或旅遊節目得知，特別前來參拜月老，祈求早日找到真命天子。迪化商圈的消費者，不僅只有國內客戶，國際人士也佔很重的比例。

在霞海城隍廟許多的文化中，以古蹟翻新最有特殊的意義。早在霞海城隍廟與大稻埕的老屋被列為古蹟時，當時大家都不知如何是好，許多人還持懷疑反對的意見。但是陳國汀與陳文文兄妹二話不說的決定籌款，聘請學者專家進行古蹟修復，經過四年的工程之後完工，讓迪化街的鄉親親眼目睹，了解古蹟修護的意義與方法，促使當地的古老房屋開始翻修。在民國一○一年（2012）時，迪化街已經有一半的古老店舖翻修，並且內部以現代化的設備裝潢，具有古味與現代並存的特別藝術風格，每到假日，就吸引許多人潮。迪化街的商家了解到，古蹟與文化能夠包裝商品，使得顧客在購買產品時，感覺買到的不是單純的貨物，更重要的是還有歷史文化蘊藏其中。現在的霞海城隍廟，不再只是民間信仰的廟宇，而是肩負歷史傳承的文化事業單位。

選 年底前表揚〉，《聯合報》，民國九十年（2001）十月三十日，第 19 版「都會萬象」。

〔註28〕張仁豪，〈11 位榮譽市民 馬英九頒獎歷任得獎人歡喜回娘家〉，《聯合報》，民國九十年（2001）十二月二十五日，第 18 版「綜合新聞」。

第六節　結　語

　　日本人只是站在邊上看各地方的迎神活動，利用它來振興地方經濟，壯大官方活動的聲威。當時的反對聲音來自地方上所謂的開明之士。主要的訴求是反對帶枷贖罪和八家將的化裝方式。

　　在 1937 年至 1945 年的戰爭時期，皇民化運動風聲鶴唳。臺灣總督府不准民間遊行繞境，可是拜拜和宴客照常舉行。

　　光復後的這六十年，反對和改革的力量來自同文同種的國民政府。傳統文人的移風易俗觀念占了上風，於是破壞廟會的力量變強。從實際生活的層面來看，眞正導致霞海城隍迎神繞境活動沒落的原因是臺北市的擴張，大稻埕不再是臺北市唯一的商業中心。大稻埕的商人挾著龐的資金進入南京東路新商業區，投資各種行業。這時候臺灣的產業結構也發生巨大的變化，南北貨、茶葉、中藥、布匹等傳統產業沒落，代之而起的是電子業、金融業、營造業等。商業集會和促銷的手法與場域大不相同，繼之而起的是各行各業的展示銷售會，有特定的場地，吸引國內和國際的商人。在這種巨大的變革下，商人不再需要靠拜拜、廟會來吸引人潮，而是用新式的報紙、廣播、電視，乃至於現在的網路、臉書等管道，來拓展銷售管道。

　　大稻埕霞海城隍廟會的沒落是時代科技發展和變動下的必然結果，它轉型爲月老紅娘，就是要找出一個不會受到現代科技和金融影響的區塊，永續經營。

附　錄

附錄一　臺北市各區人口統計表

臺北市各區人口統計表（1）
民國 38 年（1949）至 57 年（1968）改制為院轄市止

年份	大同	延平	建成	中山	城中	龍山	雙園	古亭	大安	松山	全市總人口數
1949	42,863	58,835	52,707	53,261	52,250	51,499	31,357	57,781	47,559	36,200	484,319
1950	44,612	59,743	49,243	62,335	54,233	54,574	33,033	56,599	54,921	39,401	503,450
1951	47,050	57,450	49,311	73,167	63,681	56,470	36,306	69,590	69,826	39,905	562,756
1952	50,361	54,237	49,237	78,204	65,350	57,283	37,667	76,003	75,204	41,913	585,459
1953	55,664	54,533	50,736	86,207	68,900	59,543	41,882	84,259	81,137	45,486	627,752
1954	61,313	55,019	50,702	94,760	69,790	60,868	46,094	89,207	89,084	49,274	666,111,
1955	66,049	55,683	51,375	102,066	70,083	62,451	50,569	94,207	99,519	52,122	704,124
1956	71,207	57,146	53,242	108,246	72,219	64,282	55,926	101,620	108,445	56,177	748,510
1957	74,226	56,902	53,207	114,751	71,805	64,904	59,160	106,081	114,555	61,876	777,467
1958	78,097	57,250	52,690	124,320	71,458	65,355	63,205	111,480	123,132	66,836	813,825
1959	82,556	56,796	53,217	133,325	72,371	66,568	68,832	117,198	129,165	74,034	854,061
1960	87,597	58,835	54,168	141,161	73,057	68,717	75,667	123,134	135,152	81,167	898,655
1961	91,762	59,097	54,933	149,079	74,349	68,651	80,231	128,877	141,094	88,852	936,925
1962	94,760	58,986	55,118	159,833	75,057	69,158	85,464	134,758	148,394	97,553	979,081
1963	99,344	59,793	56,457	169,907	77,363	70,738	91,921	139,107	155,322	107,696	1,027,648
1964	103,462	60,633	57,757	184,479	78,360	71,953	97,991	147,739	164,819	117,910	1,085,103
1965	107,356	61,067	58,409	193,787	79,198	72,367	103,140	157,041	173,935	129,200	1,135,500
1966	109,655	59,476	57,173	202,168	77,147	70,908	110,595	161,433	183,876	142,452	1,174,883
1967	112,168	60,461	57,888	210,181	78,633	72,197	115,556	165,277	196,026	156,255	1,224,642
1968	114,047	60,591	57,671	217,148	81,078	69,989	121,840	170,858	207,515	173,157	1,604,543

資料來源：臺北市政府主計室編印《臺北市總計要覽》，第三期至第二十期。民國 39 年至民國 56 年。

臺北市各區人口統計表（2）
民國 58 年（1969）改制為院轄市至 79 年（1990）全市行政區大調整

年份	大同	延平	建成	中山	城中	龍山	雙園	古亭	大安	全市總人口數
1969	116,113	60,447	57,887	229,154	81,835	68,673	128,107	173,771	215,906	1,689,723
1970	117,840	59,002	57,111	230,975	78,360	67,837	132,891	180,339	238,798	1,769,568
1971	119,534	59,126	57,350	240,761	75,700	68,623	138,789	181,596	247,382	1,839,641
1972	119,880	58,263	55,220	248,101	73,354	67,933	142,961	182,002	252,777	1,909,067
1973	117,346	54,921	50,027	250,640	70,262	64,454	144,494	178,492	259,258	1,958,396
1974	114,595	52,895	47,600	252,110	68,131	62,275	145,302	176,062	264,515	2,003,604
1975	113,005	50,160	45,449	249,163	67,822	60,209	145,894	176,871	261,630	2,043,318
1976	110,674	47,780	43,624	246,645	67,319	58,181	144,678	178,694	265,256	2,089,288
1977	107,709	45,261	41,795	245,430	65,067	55,611	144,343	175,981	269,474	2,127,625
1978	103,281	42,336	39,388	241,407	63,812	52,910	143,358	172,133	275,377	2,163,605
1979	99,461	40,254	37,363	236,683	62,027	50,777	140,618	173,677	275,649	2,196,237
1980	96,944	38,265	35,110	236,672	57,201	48,815	138,392	174,827	272,215	2,220,427
1981	95,556	38,454	35,215	238,157	56,638	50,290	137,856	179,311	280,559	2,270,983
1982	93,926	37,839	34,773	241,647	55,662	50,662	136,950	181,569	288,039	2,327,641
1983	92,884	37,250	34,560	247,415	55,365	51,550	137,889	180,236	294,851	2,388,374
1984	90,498	36,270	33,812	253,008	55,226	50,423	138,427	179,608	300,718	2,449,702
1985	89,321	35,536	32,717	259,518	54,874	49,517	138,130	179,456	307,239	2,507,620
1986	88,324	34,722	32,179	266,440	55,162	49,156	136,371	182,678	316,334	2,575,180
1987	87,990	34,321	31,559	270,645	55,428	48,510	135,415	184,288	327,896	2,637,100
1988	87,394	34,518	30,945	273,910	55,368	48,219	135,226	186,038	334,446	2,681,857
1989	86,285	35,012	30,543	273,935	55,270	47,772	135,330	186,257	335,058	2,702,678
1990	86,062	34,983	30,462	273,107	54,842	47,599	135,220	186,017	334,616	2,719,659

年份	松山	大同	延平	建成	中山	城中	龍山	雙園	古亭	全市總人口數
1969	193,057	116,113	60,447	57,887	229,154	81,835	68,673	128,107	173,771	1,689,723
1970	212,039	117,840	59,002	57,111	230,975	78,360	67,837	132,891	180,339	1,769,568
1971	229,559	119,534	59,126	57,350	240,761	75,700	68,623	138,789	181,596	1,839,641
1972	254,837	119,880	58,263	55,220	248,101	73,354	67,933	142,961	182,002	1,909,067
1973	279,619	117,346	54,921	50,027	250,640	70,262	64,454	144,494	178,492	1,958,396
1974	299,086	114,595	52,895	47,600	252,110	68,131	62,275	145,302	176,062	2,003,604
1975	315,714	113,005	50,160	45,449	249,163	67,822	60,209	145,894	176,871	2,043,318
1976	332,182	110,674	47,780	43,624	246,645	67,319	58,181	144,678	178,694	2,089,288
1977	346,591	107,709	45,261	41,795	245,430	65,067	55,611	144,343	175,981	2,127,625
1978	361,548	103,281	42,336	39,388	241,407	63,812	52,910	143,358	172,133	2,163,605
1979	370,345	99,461	40,254	37,363	236,683	62,027	50,777	140,618	173,677	2,196,237
1980	375,946	96,944	38,265	35,110	236,672	57,201	48,815	138,392	174,827	2,220,427

1981	381,370	95,556	38,454	35,215	238,157	56,638	50,290	137,856	179,311	2,270,983
1982	391,337	93,926	37,839	34,773	241,647	55,662	50,662	136,950	181,569	2,327,641
1983	402,922	92,884	37,250	34,560	247,415	55,365	51,550	137,889	180,236	2,388,374
1984	414,563	90,498	36,270	33,812	253,008	55,226	50,423	138,427	179,608	2,449,702
1985	423,042	89,321	35,536	32,717	259,518	54,874	49,517	138,130	179,456	2,507,620
1986	433,007	88,324	34,722	32,179	266,440	55,162	49,156	136,371	182,678	2,575,180
1987	444,243	87,990	34,321	31,559	270,645	55,428	48,510	135,415	184,288	2,637,100
1988	450,207	87,394	34,518	30,945	273,910	55,368	48,219	135,226	186,038	2,681,857
1989	454,416	86,285	35,012	30,543	273,935	55,270	47,772	135,330	186,257	2,702,678
1990	454,711	86,062	34,983	30,462	273,107	54,842	47,599	135,220	186,017	2,719,659

年份	大安	松山	內湖	南港	木柵	景美	士林	北投		全市總人口數
1969	215,906	193,057	39,872	42,239	34,835	33,714	108,336	71,653		1,689,723
1970	238,798	212,039	46,360	47,520	43,088	45,491	127,009	84,908		1,769,568
1971	247,382	229,559	48,048	49,253	44,504	48,879	138,103	92,423		1,839,641
1972	252,777	254,837	49,967	52,102	45,900	53,458	149,422	102,890		1,909,067
1973	259,258	279,619	50,681	55,582	46,900	58,355	160,277	117,108		1,958,396
1974	264,515	299,086	51,369	60,175	48,470	62,493	170,287	128,239		2,003,604
1975	261,630	315,714	51,072	66,365	52,478	69,765	179,218	138,453		2,043,318
1976	265,256	332,182	52,957	74,256	57,300	75,435	186,145	148,162		2,089,288
1977	269,474	346,591	55,006	79,639	61,984	81,942	193,748	158,044		2,127,625
1978	275,377	361,548	60,647	83,659	67,233	85,819	202,533	168,164		2,163,605
1979	275,649	370,345	68,447	86,696	70,652	90,086	213,970	179,532		2,196,237
1980	272,215	375,946	79,718	87,778	72,243	96,225	224,080	185,978		2,220,427
1981	280,559	381,370	86,342	91,553	74,255	99,442	232,655	193,334		2,270,983
1982	288,039	391,337	97,846	95,442	77,666	103,942	241,127	199,212		2,327,641
1983	294,851	402,922	109,540	100,692	82,449	107,972	248,709	204,090		2,388,374
1984	300,718	414,563	126,789	103,050	85,834	113,092	257,102	211,282		2,449,702
1985	307,239	423,042	144,882	106,826	87,269	115,482	267,257	216,552		2,507,620
1986	316,334	433,007	160,442	110,595	90,489	119,981	277,338	221,962		2,575,180
1987	327,896	444,243	175,645	113,190	93,514	121,939	283,960	228,557		2,637,100
1988	334,446	450,207	188,366	114,777	96,397	122,605	288,981	234,420		2,681,857
1989	335,058	454,416	196,922	115,584	98,640	123,275	289,593	238,786		2,702,678
	334,616	454,711								

資料來源：臺北市政府主計處編印《臺北市總計要覽》，民國 58 年（1969）至民國 79 年（1990）。1990 年的資料只到 3 月。隨後是行政區大調整。全市 16 行政區調整爲 12 行政區。

附錄二　臺北市各區人口統計表

臺北市各區人口統計表（1）
1990 年之後全市 12 行政區的人口統計數

年代	松山	信義	大安	中山	中正	大同	全市總人口數
1990	218,133	245,235	354,704	237,280	185,263	151,188	2,719,659
1991	217,353	245,447	352,107	235,963	183,668	149,817	2,717,992
1992	213,639	247,726	341,765	232,683	181,233	147,505	2,696,073
1993	213,090	245,255	335,993	226,775	175,261	140,922	2,653,245
1994	213,496	246,925	337,309	226,566	174,708	138,170	2,653,578
1995	211,064	243,780	329,516	221,585	170,853	135,098	2,632,863
1996	209,932	240,212	317,201	215,980	168,892	134,183	2,605,374
1997	205,823	239,888	314,217	212,238	164,955	133,661	2,598,493
1998	208,198	242,500	319,003	215,168	166,532	134,563	2,639,939
1999	207,615	241,917	317,110	214,652	165,324	133,503	2,641,312
2000	207,303	240,294	316,977	215,532	163,090	132,694	2,646,474
2001	205,031	237,530	315,818	216,043	161,635	131,343	2,633,802
2002	205,289	237,362	315,714	217,569	161,808	131,077	2,641,856
2003	205,593	234,590	313,011	216,999	159,599	129,440	2,627,138
2004	205,962	232,506	312,554	216,868	158,486	128,512	2,622,472
2005	208,101	230,780	312,166	216,906	157,335	126,810	2,616,375
2006	209,422	231,476	314,171	219,582	158,604	126,923	2,632,242
2007	210,986	228,868	314,924	218,483	159,486	126,128	2,629,269
2008	210,097	227,770	313,848	218,841	159,337	124,653	2,622,923
2009	207,995	225,364	311,612	218,245	158,752	123,399	2,607,428
2010	208,434	225,092	311,565	220,126	159,536	124,600	2,618,772
2011	209,948	226,541	313,846	224,102	161,449	126,640	2,650,968

資料來源：臺北市政府主計處編印《臺北市總計要覽》。

臺北市各區人口統計表（2）
1990 年之後全市 12 行政區的人口統計數

年代	萬華	文山	南港	內湖	士林	北投	全市總人口數
1990	232,934	226,505	117,134	207,525	300,478	243,280	2,719,659
1991	230,801	225,755	117,764	214,750	300,512	244,055	2,717,992
1992	228,384	226,295	117,698	215,529	301,068	242,548	2,696,073
1993	220,896	223,822	115,177	216,149	298,419	241,486	2,653,245
1994	217,632	223,003	113,412	219,951	299,127	243,279	2,653,578
1995	213,983	227,707	112,411	226,055	298,255	242,556	2,632,863
1996	211,091	229,992	111,733	231,972	294,405	241,781	2,605,374
1997	208,464	235,361	110,982	237,349	293,731	241,824	2,598,493
1998	209,780	243,939	112,699	244,642	296,810	246,105	2,639,939
1999	207,943	248,602	113,070	249,588	295,209	246,779	2,641,312
2000	206,855	253,131	114,144	253,584	294,443	248,427	2,646,474
2001	204,024	253,920	113,937	254,521	292,096	247,904	2,633,802
2002	203,451	256,528	113,839	258,611	291,493	249,115	2,641,856
2003	200,266	256,506	113,122	259,789	289,194	249,029	2,627,138
2004	197,445	258,046	112,982	261,201	288,921	248,989	2,622,472
2005	194,743	258,953	113,052	261,837	287,753	247,939	2,616,375
2006	194,879	261,417	113,258	264,624	288,212	249,674	2,632,242
2007	192,470	261,666	113,716	265,518	287,048	249,976	2,629,269
2008	190,361	261,719	113,672	266,808	286,065	249,752	2,622,923
2009	188,437	260,869	113,149	267,704	283,855	248,047	2,607,428
2010	189,099	262,307	114,023	270,245	284,539	249,206	2,618,772
2011	190,855	266,442	116,131	275,652	287,072	252,290	2,650,968

資料來源：臺北市政府主計處編印《臺北市總計要覽》。

附錄三　臺北市「1968 年～1990 年」各行政區人口消長增減率

臺北市「1968 年～1990 年」各行政區人口消長增減率（1）

年別	松山區		大安區		古亭區		雙園區	
	人口數	增減率	人口數	增減率	人口數	增減率	人口數	增減率
1968	173,157	108.17%	207,515	58.61%	170,858	33.77%	121,840	54.38%
1969	193,057	114.92	230,489	110.71	181,573	62.71	128,107	51.44
1970	212,039	98.32	238,798	36.05	180,339	0.075	132,891	37.34
1971	229,559	82.63	247,382	35.95	181,596	6.97	138,789	44.38
1972	254,837	110.12	252,777	21.81	182,002	2.24	142,961	30.06
1973	279,619	97.25	259,258	25.64	178,492	19.29	144,494	10.72
1974	299,086	69.62	264,515	20.28	176,062	13.61	145,302	5.59
1975	315,714	55.6	261,630	10.91	176,871	4.59	145,894	4.07
1976	332,182	52.16	265,256	13.86	178,694	10.31	144,678	8.33
1977	346,591	43.38	269,474	15.9	175,981	15.18	144,343	2.32
1978	361,548	43.15	275,377	21.91	172,133	21.87	143,358	6.82
1979	370,345	24.33	275,649	0.99	173,677	8.97	140,618	19.11
1980	375,946	15.17	272,215	12.46	174,827	6.62	138,392	15.83
1981	381,370	14.38	280,559	30.65	179,311	25.65	137,856	3.89
1982	391,337	26.13	288,039	26.66	181,569	12.59	136,950	6.55
1983	402,922	29.6	294,851	23.65	180,236	7.34	137,889	6.86
1984	414,563	28.89	300,718	19.9	179,608	3.48	138,427	3.9
1985	423,042	20.45	307,239	21.68	179,456	0.85	138,130	2.15
1986	433,007	23.56	316,334	29.6	182,678	17.95	136,371	12.73
1987	444,243	25.95	327,896	36.55	184,288	8.81	135,415	7.01
1988	450,207	13.43	334,446	19.98	186,038	9.5	135,226	1.1
1989	454,416	9.35	335,058	1.83	186,257	1.18	135,330	0.47
1990	454,711		334,616		186,017		135,220	

1990 年 3 月 12 日全市行政區大調整，由原來的 18 區改編成 12 區。1990 年的數據是到三月十一日。

臺北市「1968 年～1990 年」各行政區人口消長增減率（2）

年別	龍山區		城中區		建成區		延平區	
	人口數	增減率	人口數	增減率	人口數	增減率	人口數	增減率
1968	69,989	0.3058	81,078	31.09%	57,671	0.0375	60,591	2.15%
1969	68,673	18.8	81,835	9.34	57,887	3.75	60,447	-2.38
1970	67,837	12.17	78,360	42.46	57,111	13.41	59,002	23.91

1971	68,623	11.59	75,700	33.95	57,350	4.16	59,126	2.1
1972	67,933	10.05	73,354	30.99	55,220	37.14	58,263	14.6
1973	64,454	51.21	70,262	42.15	50,027	94.04	54,921	57.36
1974	62,275	33.81	68,131	30.33	47,600	48.51	52,895	36.89
1975	60,209	33.18	67,822	4.54	45,449	44.14	50,160	51.71
1976	58,181	33.68	67,319	7.42	43,624	41.21	47,780	47.45
1977	55,611	44.17	65,067	33.45	41,795	41.93	45,261	52.72
1978	52,910	48.57	63,812	19.29	39,388	57.59	42,336	64.63
1979	50,777	40.31	62,027	27.97	37,363	51.41	40,254	49.18
1980	48,815	38.64	57,201	77.8	35,110	60.3	38,265	49.41
1981	50,290	30.22	56,638	9.84	35,215	2.99	38,454	4.94
1982	50,662	7.4	55,662	17.23	34,773	12.55	37,839	15.99
1983	51,550	17.53	55,365	5.34	34,560	6.13	37,250	15.57
1984	50,423	21.86	55,226	2.51	33,812	21.64	36,270	26.31
1985	49,517	17.97	54,874	6.37	32,717	32.38	35,536	20.24
1986	49,156	7.29	55,162	5.25	32,179	16.44	34,722	22.91
1987	48,510	13.14	55,428	4.82	31,559	19.27	34,321	11.55
1988	48,219	6	55,368	1.08	30,945	19.46	34,518	5.74
1989	47,772	9.27	55,270	1.77	30,543	12.99	35,012	14.31
1990	47,599		54,842		30,462		34,983	

1990 年 3 月 12 日全市行政區大調整，由原來的 18 區改編成 12 區。1990 年的數據是到三月十一日。

臺北市「1968 年～1990 年」各行政區人口消長增減率（3）

年別	大同區		中山區		內湖區		南港區	
	人口數	增減率	人口數	增減率	人口數	增減率	人口數	增減率
1968	114,047	16.75	217,148	33.15	39,872	127.44	42,239	56
1969	116,113	18.12	229,154	55.29	43,903	101.1	44,994	65.22
1970	117,840	14.87	230,975	7.95	46,360	55.96	47,520	56.14
1971	119,534	14.38	240,761	42.37	48,048	36.41	49,253	36.47
1972	119,880	2.89	248,101	30.49	49,967	39.94	52,102	57.84
1973	117,346	21.14	250,640	10.23	50,681	14.29	55,582	66.41
1974	114,595	23.44	252,110	5.86	51,369	13.58	60,175	83.02
1975	113,005	13.87	249,163	--11.69	51,072	--5.78	66,365	102.87
1976	110,674	20.63	246,645	--10.11	52,957	36.91	74,256	118.9
1977	107,709	26.79	245,430	--4.93	55,006	38.69	79,639	72.49
1978	103,281	41.11	241,407	--16.39	60,647	102.55	83,659	50.48
1979	99,461	36.99	236,683	--19.57	68,447	128.61	86,696	36.3
1980	96,944	25.31	236,672	--0.05	79,718	164.67	87,778	12.48
1981	95,556	14.33	238,157	6.27	86,342	83.09	91,553	43.01
1982	93,926	17.05	241,647	14.66	97,846	133.24	95,442	42.48

1983	92,884	11.09	247,415	23.86	109,540	119.51	100,692	55.01
1984	90,498	25.69	253,008	22.61	126,789	157.47	103,050	23.42
1985	89,321	13.01	259,518	25.73	144,882	142.7	106,826	36.66
1986	88,324	11.16	266,440	26.67	160,442	107.4	110,595	35.26
1987	87,990	3.78	270,645	15.78	175,645	94.76	113,190	23.46
1988	87,394	6.77	273,910	12.06	188,366	72.42	114,777	14.02
1989	86,285	12.69	273,935	0.69	196,922	45.42	115,584	7.03
1990	86,062		273,107		199,024		115,640	

1990 年 3 月 12 日全市行政區大調整，由原來的 18 區改編成 12 區。1990 年的數據是到三月十一日。

臺北市「1968 年～1990 年」各行政區人口消長增減率（4）

年別	木柵區		景美區		士林區		北投區	
	人口數	增減率	人口數	增減率	人口數	增減率	人口數	增減率
1968	34,835	145.96	33,714	133.7	108,336	100.91	71,653	69.14
1969	39,755	141.24	40,102	189.48	118,468	93.52	77,551	82.31
1970	43,088	83.84	45,491	134.38	127,009	72.1	84,908	94.87
1971	44,504	32.86	48,879	74.48	138,103	87.35	92,423	88.64
1972	45,900	31.37	53,458	93.68	149,422	81.96	102,890	113.12
1973	46,900	21.79	58,355	91.6	160,277	72.65	117,108	138.19
1974	48,470	33.48	62,493	70.91	170,287	62.45	128,239	95.05
1975	52,478	82.69	69,765	116.37	179,218	52.45	138,453	79.65
1976	57,300	91.89	75,435	81.27	186,145	38.65	148,162	70.12
1977	61,984	81.75	81,942	86.26	193,748	40.84	158,044	66.7
1978	67,233	84.68	85,819	47.31	202,533	45.34	168,164	64.03
1979	70,652	50.85	90,086	49.72	213,970	56.47	179,532	67.6
1980	72,243	22.52	96,225	68.15	224,080	47.25	185,978	35.9
1981	74,255	27.85	99,442	33.43	232,655	38.27	193,334	39.55
1982	77,666	45.94	103,942	45.25	241,127	36.41	199,212	30.4
1983	82,449	61.58	107,972	38.77	248,709	31.44	204,090	24.49
1984	85,834	41.06	113,092	47.42	257,102	33.75	211,282	35.24
1985	87,269	16.72	115,482	21.13	267,257	39.5	216,552	24.94
1986	90,489	36.9	119,981	38.96	277,338	37.72	221,962	24.98
1987	93,514	33.43	121,939	16.32	283,960	23.88	228,557	29.71
1988	96,397	30.83	122,605	5.46	288,981	17.68	234,420	25.65
1989	98,640	23.27	123,275	5.46	289,593	2.12	238,786	18.62
1990	99,147		123,563		289,564		239,319	

1990 年 3 月 12 日全市行政區大調整，由原來的 18 區改編成 12 區。1990 年的數據是到三月十一日。

附錄四　臺北市各區歷年的性別比例

臺北市各區歷年的性別比例（1946～1989）

年代	大同	延平	建成	中山	城中	龍山	雙園	古亭	大安	松山	全北市
1946											99.48
1947											102.84
1948											106.72
1949											114.47
1050	103.65	108.69	99.10	118.70	164.29	109.39	108.41	125.28	127.40	116.79	117.47
1951	103.66	105.04	100.74	118.98	157.29	108.72	106.80	126.75	130.67	115.23	118.16
1952	103.46	105.61	101.65	120.24	152.66	108.86	107.10	127.06	128.12	115.14	118.08
1953	104.76	105.96	100.81	118.70	153.87	109.66	108.15	127.78	127.40	117.33	118.47
1954	104.97	105.03	100.41	121.32	149.87	109.77	109.65	128.28	126.64	116.71	118.46
1955	103.69	104.85	100.94	121.56	142.17	109.87	110.62	127.20	128.33	115.19	117.85
1956	103.92	103.98	101.62	120.24	141.11	110.28	111.66	126.34	129.70	115.11	117.81
1957	103.20	103.80	99.49	119.90	138.81	110.17	111.13	126.00	129.80	115.58	117.32
1958	103.24	104.40	99.76	118.52	136.33	109.08	110.73	125.98	128.65	115.11	116.80
1959	104.12	104.55	99.70	117.97	133.15	110.20	110.59	125.15	128.44	117.06	116.70
1960	104.19	103.68	100.16	118.91	131.45	109.89	110.03	125.85	127.05	117.99	116.61
1961	104.10	102.29	100.23	117.89	129.39	108.65	109.96	126.60	129.13	117.05	116.41
1962	102.92	102.91	100.39	116.42	127.73	106.88	110.21	125.59	127.71	115.68	115.51
1963	103.81	102.51	100.20	116.05	127.47	106.46	109.91	124.09	126.81	115.00	115.07
1964	104.14	103.32	100.83	115.04	125.07	106.61	109.88	123.65	125.92	113.28	114.58
1965	104.80	103.77	101.51	113.44	123.02	106.25	109.72	122.20	123.74	114.70	114.03
1966	105.29	104.76	100.47	111.96	121.46	106.60	109.55	120.45	122.73	144.77	113.46
1967	104.40	103.27	101.17	111.74	120.95	105.86	109.39	119.96	118.76	113.33	112.43
1968	104.28	103.56	100.27	114.25	125.93	106.55	108.59	118.78	121.52	114.16	113.42
1969	105.74	105.64	100.49	124.17	126.91	108.26	109.52	117.86	119.75	116.27	115.29
1970	105.69	106.18	101.86	121.26	125.91	108.87	109.44	125.37	129.50	114.90	116.66
1971	107.68	106.86	103.83	118.96	125.34	109.03	109.83	123.93	128.11	115.86	116.20
1972	107.39	107.76	104.25	117.14	124.21	109.04	109.79	122.39	123.31	112.79	114.55
1973	107.09	107.73	104.79	115.02	125.16	109.14	108.89	120.59	120.18	111.72	113.24
1974	107.26	108.40	105.08	112.88	124.20	109.15	108.45	118.81	117.34	128.16	111.88
1975	109.28	107.54	104.35	109.02	132.08	109.63	108.37	114.39	111.86	109.28	110.42
1976	108.50	106.69	104.05	112.97	128.86	109.96	108.33	113.63	110.93	108.66	109.78
1977	108.54	105.74	103.88	108.85	122.06	108.68	108.61	113.55	109.73	108.01	109.34
1978	107.87	105.32	104.16	108.72	118.85	107.97	108.27	113.62	108.99	107.75	108.73

1979	107.85	105.78	104.08	107.02	116.57	107.07	108.37	113.26	107.96	107.23	107.92
1980	107.50	105.33	103.36	106.72	114.81	107.70	108.18	113.85	107.33	106.72	107.73
1981	107.75	106.01	102.34	105.30	112.80	107.25	108.26	112.02	105.06	106.31	106.49
1982	107.10	105.47	103.66	104.92	111.30	106.80	107.38	111.45	104.56	106.05	105.98
1983	106.20	105.23	102.26	103.32	113.30	105.56	106.86	110.57	104.29	105.40	105.42
1984	105.51	105.95	102.84	102.78	111.89	104.52	106.98	109.90	103.65	104.62	104.81
1985	105.50	105.01	102.98	101.53	110.98	104.30	106.77	109.12	102.49	103.93	104.36
1986	105.26	104.26	102.79	100.76	111.12	104.31	106.64	107.48	102.42	103.33	103.85
1987	104.54	102.74	102.21	99.92	111.28	103.55	106.20	106.54	101.72	102.86	103.34
1988	104.64	102.96	102.31	99.30	110.89	104.14	106.01	105.52	101.21	102.47	102.88
1989	104.36	102.30	102.00	98.75	108.75	103.37	105.64	105.15	100.64	101.99	102.42

	木柵	景美	內湖	南港	士林	北投
1968	117.32	119.89	110.47	115.41	111.41	110.45
1969	118.78	117.51	112.65	115.99	112.46	110.82
1970	116.87	118.07	114.02	115.40	111.50	110.54
1971	114.33	116.79	114.39	114.40	110.82	110.08
1972	113.24	115.33	113.44	114.44	109.99	108.78
1973	112.59	114.69	113.24	113.48	109.03	106.74
1974	110.01	112.92	112.76	114.79	108.33	106.47
1975	111.22	111.40	112.75	112.16	107.76	105.91
1976	110.63	110.82	112.97	111.56	106.60	105.27
1977	110.18	113.59	113.13	111.42	106.60	105.46
1978	109.47	111.40	110.51	111.45	105.49	105.39
1979	109.06	108.43	109.46	110.51	104.88	105.04
1980	107.25	107.36	108.03	111.75	103.75	104.11
1981	107.76	106.63	106.81	111.12	103.20	103.69
1982	107.43	106.09	106.50	109.11	102.87	103.19
1983	107.17	105.43	106.86	107.75	102.63	102.98
1984	106.82	104.97	105.24	107.14	102.40	102.52
1985	106.77	104.77	105.49	107.09	101.98	102.29
1986	106.48	108.60	103.84	106.59	101.02	102.22
1987	105.62	108.27	103.43	106.57	101.02	102.22
1988	105.48	105.88	102.60	106.50	101.99	101.89
1989	105.44	104.52	102.29	105.83	100.99	101.80

資料來源：1946 年至 1989 年《臺北市統計要覽》，表 25「人口密度及性別比例」

臺北市各區性比例統計表 1990～2011（性比例（男/百女））

年度	總計	松山區	信義區	大安區	中山區	中正區	大同區
1990	101.84	97.9	104.83	98.74	98.45	104.2	102.24
1991	101.57	97.58	105.01	98.46	98.56	104.06	101.96
1992	101.33	97.16	104.51	98.07	98.13	102.64	102.11
1993	100.85	96.43	104.16	97.62	97.13	102.2	101.9
1994	100.43	95.83	103.59	96.98	97.09	101.87	101.5
1995	100.15	95.51	102.47	96.83	97.22	101.51	101.7
1996	99.93	95.15	102.3	96.48	97.02	101.35	102.14
1997	99.45	94.98	101.77	95.72	96.17	100.43	102.01
1998	98.77	94.46	100.92	94.83	95.33	99.49	101.74
1999	98.31	94.25	100.19	93.99	94.85	98.82	101.75
2000	97.92	93.84	99.74	93.5	94.27	98.46	101.12
2001	97.49	93.53	99.2	93.06	93.5	97.84	101.1
2002	97.09	93.2	98.68	92.62	93.16	97.13	101.01
2003	96.73	92.91	98.03	92.3	92.87	96.53	100.52
2004	96.27	92.27	97.28	91.81	92.65	96.12	100.11
2005	95.71	91.75	96.53	91.23	92.19	95.29	99.69
2006	95.05	91.02	95.57	90.7	91.48	94.78	99.24
2007	94.51	90.55	94.81	90.17	90.7	94.31	98.73
2008	94.01	90.3	94.12	89.6	89.95	93.82	98.08
2009	93.58	90.31	93.54	89.2	89.43	93.58	97.62
2010	93.09	90.24	92.9	88.94	88.9	93.19	97.15
2011	92.85	89.93	92.66	88.72	88.54	92.93	96.78

年度	總計	萬華區	文山區	南港區	內湖區	士林區	北投區
1990	101.84	105.86	105.46	104.5	101.92	100.53	101.63
1991	101.57	105.78	104.29	104.21	101.01	100.46	101.4
1992	101.33	105.32	104.22	103.8	102.07	100.11	101.52
1993	100.85	105.3	103.26	104	100.98	99.66	101.71
1994	100.43	105.05	102.69	103.11	100.91	99.34	101.35
1995	100.15	105.15	101.84	103.37	100.31	99.35	100.94
1996	99.93	105.47	101.25	103.14	99.47	99.42	100.61
1997	99.45	105.18	100.4	102.91	98.93	99.31	100.24
1998	98.77	104.59	99.82	102.41	98.51	98.68	99.44
1999	98.31	104.31	99.24	102.53	98.13	98.33	99.01
2000	97.92	104.28	98.69	102.18	97.76	98.18	98.62
2001	97.49	104.01	98.48	101.62	97.41	97.8	98.08
2002	97.09	103.7	97.91	100.68	97.08	97.6	97.9
2003	96.73	103.6	97.58	100.38	96.72	97.41	97.45
2004	96.27	103.33	97.25	100.45	95.93	97	97.03
2005	95.71	102.98	96.45	100.28	95.4	96.6	96.51
2006	95.05	102.16	95.72	99.73	94.65	96.05	96
2007	94.51	101.73	95.26	98.94	94.3	95.71	95.47
2008	94.01	101.16	94.88	98.32	93.97	95.39	94.89
2009	93.58	100.35	94.26	97.77	93.39	95.06	94.74
2010	93.09	99.32	93.86	96.73	93.09	94.46	94.19
2011	92.85	98.83	93.71	96.58	92.81	94.26	94.15

參考書目

1. 《大明太祖高皇帝實錄》。

2. 《中國海關報告‧淡水部份》，1869。

3. 《元史》〈世祖本記〉。

4. 《北齊書》。

5. 《交城縣志》。

6. 《全唐文》。

7. 《近衛師團軍醫部征台衛生彙報》，1896 年 5 月。

8. 《金石粹編》。

9. 《春明夢餘錄》。

10. 《道園學古錄》，四部叢刊本。

11. Borao Mateo, José Eugenio, *Spanish in Taiwan（SIT）*, Taipei: SMC Publishing Inc., v.1（1582-1641）, 2001, v. 2 （1642-1682）, 2002。

12. Campbell, W. M., *Formosa under the Dutch. Described from Contemporary Record with Explanatory Notes and Bibliography of the Island*. London. 1903.

13. Chen Kuo-tung （陳國棟）, "Structure of the East Asian trade during the maritime ban against Koxinga's successors in Taiwan, 1664-1683," in Asian Business and Taiwan: A Historical Perspective. Taipei: IX Pacific Science Inter-Congress, 1998.

14. Chinese Maritime Customs Publications 1860-1948, Shanghai Chinese Maritime Customs. 中央研究院近代史研究所圖書館藏微卷。

15. Davidson, J. W. *The Island of Formosa：Past and Present,* （1903）。臺北：南天書局，2001。

16. Davidson, J.W. The Island of Formosa：Past and Present. 1903. Taipei. 蔡啓恆譯，《臺灣之過去與現在》，臺灣銀行臺灣研究叢刊第一○七種，（1972）。

17. Heyns, Pol 韓家寶、Wei-chung Cheng 鄭維中譯著，《荷蘭時代臺灣告令集，婚姻與洗禮登錄簿》（Dutch Formosan Placard Book, Marriage, and Baptism Records），臺北：曹永和文教基金會，2005。

18. Johnson, David, "The City-God Cults of T'ang anf Sung China", Harvard Journal of Asiatic Studies, Vol. 45: number 2, pp. 363-457, 1985.

19. Myers, Ramon H. "Taiwan Under Ch'ing Imperial Rule, 1684~1895. The Traditional Order", *Journal of the Institute of the Chinese Studies of the University of Hong Kong*, 4（2），1971。

20. Naquin, Susan, *Peiking: Temples and City Life*, University of California Press, 2000.

21. Shepherd, John. "Plain Aborigines and Chinese Settlers on the Taiwan Frontier in the Seventeenth and Eighteenth Centuries," Ph. D. dissertation, Stanford University, （1981）.

22. Spence, Jonathan D. *Death of Woman Wang*, 1978。李孝愷譯，臺北：麥田，2009。

23. Sung Kwang-yu, "Religion and Society in Ch'ing and Japanese Colonial Taipei,' PH.D, dissertation in University of Pennsylvania, 1990.,

24. Thompson, Laurence G. "The earliest Chinese eyewitness accounts of the Formosan aborigines," *Monumemta Serica* 23, 1964, pp.170-178.

25. Wong, Kitmin and Wu Lien-the, *History of Chinese Medicine, Shanghai: National Organization of Medicine*, 1935.

26. 丁日昌：《丁中丞政書》，臺北：文海書局，1972。

27. 小田俊郎，《臺灣醫學五十年》，日本東京：醫學書院，1974 年。

28. 中村孝志，〈十七世紀西班牙人在臺灣的佈教〉，《臺灣史研究》，1970。

29. 井出季和太 《臺灣治績志》，臺北：臺灣總督府，1937。

30. 井出季和太著，郭輝譯，《日據下之臺政》，臺北：臺灣省文獻委員會編行，1956 年，頁 25。

31. 尹章義，《臺灣開發史研究》，臺北市：聯經出版公司，2003。

32. 尹章義〈臺北平原拓墾史研究 1697～1722〉，《臺北文獻》第 53,54 期合刊，1979～1981。

33. 文瀾〈從臺灣茶談到稻江外商〉《臺北文物》2 卷 3 期，1953。

34. 王世慶〈清代臺灣的米產與外銷〉，《臺灣文獻》9 卷 1 期，1958。

35. 王國璠主修，《臺北市發展史》（一），臺北市：臺北市文獻委員會，1981。

36. 王崇簡，《冬夜箋記》說鈴本。

37. 王笛，《茶館：成都的公共生活和微觀世界 1900～1950》，北京：社會科學文獻出版社，2010。

38. 王惲〈汴梁路城隍廟記〉《秋潤文集》卷 40 頁 13，四部叢刊本。

39. 王榮峰〈淡水港與臺北〉，《臺北文物》6（4），1958。

40. 舟福立（ Kees Zandvliet）、江樹聲《十七世紀荷蘭人繪製的臺灣老地圖》

（上，下），臺北市：漢聲出版社，1997。

41. 臺北市文獻委員會主編，《臺北市地名與路街沿革史》，臺北市：臺北市文獻委員會。民 91（2002）。

42. 布勞岱著，曾培南、唐家龍譯《地中海史》，臺北：商務印書館，2002。

43. 伊能嘉矩（署名 A.B.C），〈臺灣に於ける地名の起原及び變遷〉，《臺灣慣習記事》二卷三號（1902），頁 65。

44. 伊能嘉矩，「盡く書を信ずれば書無きに如かず（臺灣の史志を讀むに要おる注意）」，《臺灣慣習記事》，第 2 卷第 4 號，頁 301～307。

45. 伊能嘉矩、粟野傳之丞，《臺灣蕃人情事》，臺北：臺灣總督府民政部文書課，1900。

46. 伊能嘉矩《臺灣文化誌》，東京：刀江書院，1965。臺北，古亭書屋翻印本，1988。

47. 伊能嘉矩《臺灣蕃政志》，東京，1903。《大日本地名辭書》，東京，1907。

48. 伊能嘉矩著，楊南郡譯註，《平埔族調查旅行記》，臺北市：遠流出版社，1996，頁 150～165。

49. 安倍明義《臺灣地名研究》，1938：三版，臺北：武陵出版社，2001。

50. 朱仕玠《小琉球漫誌》，乾隆三十年（1765），臺灣文獻叢刊第 3 種，1957。

51. 朱景英《海東札記》，乾隆三十八年（1773），臺灣文獻叢刊第 19 種，1957。

52. 江日昇，《臺灣外紀》（方豪校本），臺灣文獻叢刊第 60 種，1960。

53. 何喬遠《閩書》（萬曆四十八年，1520），臺南，影印本，1964。福建人民出版社，1994。

54. 余文儀《續修臺灣府志》卷 2〈規制/坊里〉，清·乾隆 29 年（1764 年），臺灣銀行經濟研究室，臺灣文獻叢刊第 67 種，1963。

55. 吳智慶〈基隆河錫口社庄：松山地區的歷史探討〉，錫口文化暨媽祖文化學術研討會論文集， 2008，頁 72。

56. 吳逸生〈艋舺古行號概述〉，《臺北文物》9 卷 1 期，頁 2，1960，。

57. 呂實強〈同治年間英商實順行租屋案〉，《臺灣文獻》19 卷 3 期，頁 25～29，1968。

58. 呂實強〈偕叡理教士在艋舺初創教堂的經過〉，《臺灣文獻》19 卷 1 期，頁 62～69，1968。

59. 〔宋〕趙與峕《賓退錄》。

60. 〔宋〕羅濬等《寶佑四明志》。

61. 宋光宇，〈日據時期臺灣的瘟疫與迎神〉，《考古與文化：高曉梅先生八秩祝壽論文集》（下），頁 305～330，臺北：正中書局，1991。

62. 宋光宇，〈四十年來臺灣的宗教發展情形〉，《臺灣經驗（二）社會文化篇》，

頁 175～224，臺北：東大，1984。

63. 宋光宇，〈當前臺灣民間信仰的發展趨勢〉，《漢學研究》，2 卷 1 期，頁 199～234，1984。

64. 宋光宇，《宗教與社會》，臺北：東大圖書，1995。

65. 宋光宇，《臺灣史》，北京：人民出版社，2007。

66. 李元春輯《臺灣志略》，臺灣銀行經濟研究室，臺灣文獻叢刊第 18 種，1957。

67. 李壬癸，〈台灣南島語言的分布和民族的遷移〉，《第一屆台灣語言國際研討會論文集》，臺北：文鶴，1995。

68. 李壬癸，〈臺灣北部平埔族的種類及其互動關係〉，潘英海、詹素娟主編，《平埔研究論文集》，臺北：中央研究院臺灣史研究所籌備處，頁 21～40，1995。

69. 李鹿苹〈淡水港衰退的地理因素〉《地學彙刊》第一期，文化學院地學研究所，（1969）。

70. 李毓中，〈北向與南進：西班牙東亞殖民拓展政策下的菲律賓與臺灣（1565～1642）〉，收入《曹永和先生八十壽慶論文集》，臺北：樂學書局，頁 31～61，2001。

71. 李毓中，〈明鄭與西班牙帝國：鄭氏家族與菲律賓關係初探〉，《漢學研究》16 卷 2 期，頁 29～59，1998。

72. 李毓中，〈從大航海時代談起：西班牙人在淡水〉，《揭開紅毛城四百年歷史：淡水紅毛城修復暨再利月國際學術研討會論文集》，臺北市：中央研究院中山人文社會科學研究所，頁 7～20，2005。

73. 李毓中編，《臺灣與西班牙關係史料彙編》，南投：國史館臺灣文獻館，2008。

74. 李騰嶽〈大稻埕茶葉今昔〉，《臺北文物》2 卷 3 期，1953。

75. 村上直次郎譯註、中村孝志校注，《バタズイア城日誌》，東京：平凡社，1975。

76. 沈葆禎會同閩浙總督李鶴年上〈請移駐巡撫摺〉，清同治 13 年（1874）11 月 15 日，見《福建臺灣奏摺》，臺灣文獻叢刊第 29 種，1957。

77. 卓克華《清代臺灣行郊之研究》，中國文化大學碩士論文，1982。

78. 周宗賢，《臺灣的民間組織》，臺北：幼獅，1983。

79. 周振鶴，〈竺可楨與中國歷史氣候研究〉，《華夏地理雜誌》，2008。

80. 周憲文，《日據時代臺灣經濟史》，臺灣研究叢刊第 59 種，1958。

81. 周鍾瑄，陳夢林，《諸羅縣志》，康熙 56 年（1717），臺灣銀行臺灣文獻叢刊第 141 種，1972。

82. 季麒光，〈條陳臺灣事宜文〉，收入陳文達《臺灣縣志》，臺灣文獻叢刊第
　　103 種，臺北：臺灣銀行經濟研究室，1962，頁 228。

83. 林仁川，《明末清初私人海上貿易》，上海：華東師範出版社，1987。

84. 林俊勝，《臺灣寺廟的職權與功能之研究》，臺北：文史哲， 1988。

85. 林偉盛，〈荷據時期臺灣的金銀貿易〉，《第七屆中國海洋發展史國際研討
　　會》，臺北市：中央研究院社會科學研究所，1997。

86. 林朝棨，〈土地志•地理篇〉（一）：地形，《臺灣省通志稿》，臺北市：臺
　　灣省文獻委員會，1957。

87. 林滿紅，〈茶、糖、樟腦業與晚清臺灣經濟社會之變遷〉，臺北市：聯經
　　出版公司，1976。

88. 林衡道，〈關帝信仰在臺灣〉，《臺灣風物》26 卷 2 期，頁 42～43，1975。

89. 俞樾，(曲園居士)《右仙臺館隨筆》，《筆記小說大觀》第十六編第七冊。
　　臺北；新興出版社，1977。

90. 姚瑩，《東槎紀略》，道光九年（1829），臺灣銀行經濟研究室，臺灣研究
　　叢刊第 7 種，1957。

91. 施琅，〈恭陳臺灣棄留疏〉，收入《靖海紀事》，臺灣文獻叢刊第 13 種，
　　臺北：臺灣銀行經濟研究室，1958，頁 59～62。

92. 柯志明，〈日據臺灣農村之商品化與小農經濟之形成〉，《民族所集刊》68：
　　1～40，1989。

93. 洪亮吉，《北江詩話》，收入清•洪用勳等編纂，《洪北江亮吉先生遺集》，
　　光緒三年授經堂重刊本。臺北，華文書局影印，頁 4026～4027。

94. 洪敏麟，〈清代關聖帝君對臺灣政治社會之影響〉《臺灣文獻》16（2），
　　1965，頁 53～59。

95. 珍•羅伯茲，(Jane Roberts, 1929-1984) 原著，王季慶譯，《賽斯書：個
　　人與群體事件的本質》，臺北：方智，1994。

96. 范咸，《重修臺灣府志》，卷十七〈物產〉「糖」(附考)，臺灣銀行經濟研
　　究室編，臺灣文獻叢刊第 105 種，1972。

97. 范燕秋，〈鼠疫與臺灣之公共衛生 1896～1917〉，《國立中央圖書館臺灣
　　分館館刊》，第 1 卷第 3 期，1995 年，頁 62。

98. 郁永河，《裨海紀遊》，康熙 36 年，臺灣銀行經濟研究室，臺灣文獻叢刊
　　第 44 種，1961。

99. 唐贊袞，《臺陽見聞錄》，臺灣銀行經濟研究室，臺灣文獻叢刊第 30 種，
　　1957。

100. 孫立中、李錫堤、蔡龍珆，〈康熙臺北湖基於歷史文獻之初步探討〉，
　　　http://igtplus.htsh.ntpc.edu.tw/sections/214/pages/693?locale=zh_tw。

101. 孫承澤，《春明夢餘錄》，古香齋本。

102. 翁佳音，《大臺北古地圖考釋》，臺北：稻香出版社，2006。

103. 高賢治編著，《大臺北古契字》、《大臺北古契字二集》、《大臺北古契字三集》、《大臺北古契字四集》，臺北市：臺北市文獻委員會，2002、2003、2005、2007。

104. 國立臺灣博物館編，《地圖臺灣：四百年來相關臺灣地圖》，臺北市：南天書局，2007。

105. 國家圖書館編，《臺灣歷史人物小傳——明清暨日據時期》，2003年。

106. 康培德，〈十七世紀上半的馬賽人〉，《臺灣史研究》10卷1期，頁1～32，2003。

107. 康培德，〈殖民主義、文化接觸與權力展示：荷蘭東印度公司一六四○年代花蓮地區探金活動〉，《臺灣原住民國際研討會》，臺北市：中央研究院民族學研究所，1999。

108. 康培德，〈殖民接觸與帝國邊陲——花蓮地區原住民十七至十九世紀的歷史變遷〉，臺北市：稻香出版社，1999。

109. 張我軍，〈臺灣之茶〉，臺灣銀行金融研究室編，臺灣特產叢刊第三種，《臺灣之茶》，1949。

110. 張佩英、曹淑珍〈臺灣之茶〉（統計）　，收入臺灣銀行金融研究室編，臺灣特產叢刊第三種，《臺灣之茶》，1949。

111. 張瑀，〈華州城隍神新廟記〉，《金石萃編》卷156，。

112. 曹永和，〈歐洲古地圖上之臺灣〉，《臺北文獻》第一期，1962，後收入氏著《臺灣早期歷史研究》，臺北市：聯經出版公司，1979。

113. 曹永和，《臺灣早期歷史研究》，臺北市：聯經出版公司，1979。

114. 清水七郎，〈米國於臺灣茶宣傳〉，《臺灣茶業》20卷2期，同業組合臺灣茶商公會，昭和20年（1937）10月5日，頁10～18。

115. 莊永明，《台灣醫療史——以台大醫院為主軸》，臺北市：遠流，1998。

116. 莊金德，〈清初嚴禁沿海人民來臺始末〉，《臺灣文獻》15卷3期，1964。

117. 許賜慶編譯，《臺灣總督府公文類纂衛生史料彙編》（明治29年4月至明治29年12月），臺灣省文獻會印行，2000年。

118. 許賢瑤編譯，《日治時代茶商公會業務成長報告書（1917～1944）》，臺北市：國史館，2008。

119. 連橫，《臺灣通史》，臺灣銀行臺灣文獻叢刊第128種，1972。又，中華叢書版，中華叢書委員會印行，1955。又，北京：九洲出版社，2008。

120. 連溫卿，〈大稻埕的經濟發展〉，《臺北文物》2卷3期，1953。

121. 陳正明，〈清季福建安溪大坪高、張、林三姓移墾臺北之研究〉，中國文

化大學史學所碩士論文，1995。

122. 陳正祥，《臺北市誌》，臺北：敷明產業地理研究所，1957。又，臺北市：南天書局，1997。

123. 陳宗仁，〈「北港」與「Pacan」地名考釋：兼論十六、七世紀之際臺灣西南海域貿易情勢的變遷〉，《漢學研究》21 卷 2 期，頁 249～278，2003。

124. 陳宗仁，《雞籠山與淡水洋》，臺北市：聯經出版公司，2005。

125. 陳培桂，《淡水廳誌》，臺灣銀行臺灣文獻叢刊第 172 種，（1973）。又，臺灣史料集成，清代臺灣方志彙刊，第 28 冊，臺北市：文建會，2006。

126. 陳慈玉，《臺北縣茶業發展史》，臺北縣板橋市：臺北縣文化中心，1994。

127. 陳懋恆，《明代倭寇考略》，北京：人民出版社，1957。

128. 曾迺碩，〈清李大稻埕的茶葉〉，《臺北文物》5 卷 4 期，1957。

129. 黃叔璥，《臺海使槎錄》，清乾隆元年（1736），臺灣銀行經濟研究室，臺灣文獻叢刊第 4 種，1957。

130. 黃杰誠，〈中醫藥在香港清末鼠疫流行中的作用探討〉，《京港學術交流》，總第 63 期，2004 年 9 月。

131. 黃得時，〈古往今來談臺北（一）〉，《臺北文物》卷 1，1952。

132. 楊彥杰，《荷據時期臺灣史》，臺北市：聯經出版公司，2000。

133. 溫振華，〈再讀一六五四年北臺古地圖〉，《北縣文化》58 期，1998。

134. 溫振華，〈淡水開港與大稻埕中心的形成〉，《師大歷史學報》6，1978。

135. 溫振華，〈清代淡水地區平埔族分布與漢人移墾〉，收入周宗賢編《淡水學學術研討會——過去、現在、未來論文集》，頁 22～47，臺北市：國史館，1999。

136. 溫振華、戴寶村，《淡水河流域變遷史》，臺北縣：縣市文化中心，1998。

137. 詹素娟，〈分類的迷思——淡水河系原住民的族群類緣問題〉，收入周宗賢編《淡水學學術研討會——過去、現在、未來論文集》，頁 1～25，臺北市：國史館，1999。

138. 詹素娟，〈地域與社群：大臺北地區原住民族的多樣性〉，臺灣原住民國際研討會，中央研究院民族學研究所、順益原住民博物館主辦，1999。

139. 詹素娟，《族群、歷史與地域：噶瑪蘭人的歷史變遷（從史前的 1900 年）》，國立臺灣師範大學歷史學研究所博士論文，1998。

140. 詹素娟、劉益昌，《大臺北地區原住民歷史專輯：凱達格蘭調查報告》，臺北市：臺北市文獻會，1999。

141. 廖慶樑《臺灣茶聖經》，新北市深坑鄉：揚智文化，2010。

142. 臺北市文獻委員會編，《日據時代臺灣北部施政紀要》，臺北市：編者自印，1986。

143. 臺北市文獻會，《臺北市志稿》，1965。

144. 臺北市主計處《臺北市統計要覽》，1950 年～2010 年

145. 臺北市茶商同業公會編著，《臺茶輸出百年簡史》，1965。

146. 臺北縣文獻會，《臺北縣志》，1960。

147. 臺北廳，《社寺廟宇に關する調查‧臺北廳》，手稿，1915。

148. 臺灣日日新報社，《臺灣日日新報》，（1898～1945）。

149. 臺灣省文獻會，《臺灣省通志稿》，1958。

150. 臺灣區茶業輸出同業公會編，《臺茶輸出百年簡史》，1963。

151. 臺灣慣習研究會原著，臺灣省文獻會譯編，《臺灣慣習記事》，1984。

152. 臺灣總督府，《明治二十九年ベスト病流行紀事》，1898。

153. 臺灣總督府，《臺灣貿易年表》，1898～1937。

154. 臺灣總督府殖產局特產課，《臺灣の茶業》，臺北，1937 。

155. 臺灣總督府鐵道部，《臺灣鐵道史》，1910。

156. 艋舺龍山寺全誌編纂委員會，《艋舺龍山寺全誌》，臺北，1951。

157. 劉克明，《臺灣今古談》，臺北，新高堂，1929。

158. 劉益昌，〈再談臺灣北、東部地區的族群分布〉，收入劉益昌、潘英海主編，《平埔族群的區域研究論文集》，頁 1～28，臺中：臺灣灣省文獻會，1998。

159. 劉驤，〈袁州城隍廟記〉，《全唐文》，卷 802，頁 7。

160. 潘志奇，〈臺灣之社會經濟〉，《日據時代臺灣經濟之特徵》，1957。

161. 潘英，《臺灣平埔族史》，臺北市：南天書局，1996 年。

162. 蔡素貞，〈日據時期臺灣人對日本文化之迎拒：殖民性、現代化與文化認同〉，中國文化大學史學所博士論文，2008。

163. 蔡素貞，〈鼠疫與臺灣中西醫學的消長〉，《臺北文獻》直字第 164 號，2008，頁 175～177。

164. 鄧嗣禹，〈城隍考〉，《史學年報》第 2 卷第 2 期，頁 249～276。又收入黃培、陶晉生主編，《鄧嗣禹先生學術論文選集》，頁 55～95，臺北：食貨雜誌社，1980。

165. 樺山資英傳刊行會編，《樺山資英傳》，臺灣大學圖書館所藏，1942 年。

166. 盧雪燕，〈臺灣圖附澎湖群島圖說明書〉，臺北：國立故宮博物院，年代不詳。

167. 鮑曉鷗（José Eugenio Borao Mateo），〈十七世紀的雞籠要塞：過去與現在〉，《艾爾摩莎——大航海時代的臺灣與西班牙特展》，國立臺灣博物館，頁 39～52，2006。

168. 鮑曉鷗（José Eugenio Borao Mateo），〈西班牙眼中的臺灣：十六、十七世紀西班牙對臺灣印象的演進〉，《臺灣五史與文化國際會議——臺灣之再現、詮釋與認同》，文化總會、臺灣歷史學會、行政院原住民族委員會合辦，2006 年 5 月 29、30 日，卷 2，頁 205～238。

169. 鮑曉鷗著，若到瓜譯，《西班牙人的台灣體驗 1626～1642：一項文藝復興時代的志業及其巴洛克的結局》，臺北：南天書局，2008。

170. 戴寶村，《清季淡水開港之研究》，臺北：師範大學歷史研究所專刊第 11 種，1974。

171. 謝英宗，《康熙臺北湖古地理環境之探討》，《台灣大學地理學系地理學報》第 27 期，2000。

172. 藍鼎元，《平臺紀略》，康熙六十年（1721），臺灣文獻叢刊第 14 種，1957。

173. 藍鼎元，《東征集》，臺灣銀行臺灣文獻叢刊第 12 種，1957。

174. 魏德文主編，高傳棋編著，《臺北建城 120 年》，臺北市政府文化局，2004。

175. 懷英布等纂修，《泉州府誌》（乾隆廿八年，1763），卷 20。見於《泉州府志選》，臺灣銀行經濟研究室，臺灣文獻叢刊第 233 種，1967。

2012 年暗訪與繞境陣頭集錦

1、臨時搭建的神壇

2、神　位

3、準備出發去暗訪的土地公神像

4、城隍爺出巡暗訪

5、八家將準備出發

6、廟祝陳文文女士致辭

7、前導的報馬仔

8、報馬仔為眾理事開道

9、報馬仔在出發前引人逗趣的身段

10、出發暗訪去

11、七爺神像到廟前行禮

12、八爺神像到廟前行禮

13、靈安社

14、大橋頭清心樂社

15、萬和宮燈光暗訪

16、保安社

17、共樂軒

18、錦繡城隍像載在車上暗訪

19、臺北雙連社的領隊人員

20、雙連社的吹鼓手

21、雙連社的七爺和八爺

22、新樂社的前導車

22、新樂社的隊伍

23、共樂軒前導旗幟

24、共樂軒的成員都上了年歲

25、城隍老爺回來了

　　2012 年五月十三的正式繞境，依照慣例，由保安宮前出發，因此，攝影師是在保安宮前拍攝各軒社的活動情形。

1、民間遊藝協會的花車

2、萬和宮保安社的祝賀旗幟

3、保安社以舞龍向所過的寺廟行禮

4、路過的神轎向保安宮的主神行禮

5、臺北法主公廟的神轎向保生大帝行禮

6、兩位八爺神像在行禮

7、靈安社入場

8、靈安社成員在施合鄭董事長的帶領下、向保生大帝行禮。

9、靈安社的舞龍（1）

10、靈安社的舞龍（2）

11、靈安社的八爺行禮

12、靈安社的七爺行禮

13、分送信徒的鹹光餅，吃了可保平安

14、明光樂社的致敬

15、明光樂社的致敬

16、雙連社的舞獅

17、雙連社的舞龍

18、雙連社的神像群

19、參加遊行的保生大帝神輿

20、文昌宮的董事行禮

21、文昌宮的舞龍

22、文昌宮的女子樂隊

23、文昌宮的女子樂隊

24 萬和宮保安社的神轎致敬